AF325609

Ce recueil a du paraître en 1749,
1750 et 1751

le 1er cahier a paru en 1749. V
Bibl. annuelle pag. 252. ② 1749
lejournal en 1750. Voyez D. 13 394
en 1750.

c.f.

690

LEGENDE

JOYEUSE

juvatque novos decerpere flores.

A LONDRES,

Chez Pyne,

MDCCLI.

Hic Amor: huic concede faces ac tela, Cupido.

PREFACE

Lecteur, deux mots seulement et passe outre.

Ce n'est point pour t'exagerer l'importance de ce

Recueil : je veux bien déroger pour cette fois,

et sans tirer a consequence a l'usage ou

sont mes Confreres de surfaire leur

collections. Ce petit Manuel Epigramatique, est

fait avec assez de gout et de soin, pour etre jus-

qu'icy l'unique en son genre. Mais des lectures

multipliées t'en feront mieux sentir le prix

que tout ce que j'ajouterois. Tu remarqueras

sans doute de reste, que Rousseau, Ferrand,

Grecourt, et Piron en ont fait presque tous les frais, et qu'il y a d'assez bonnes pieces qui voyent le jour pour la premiere fois. Il suffit de te faire observer que dans le choix de ces Epigrãmes, on s'est attaché a une versification uniforme qui est le genre de Marot, et qu'elles contiennent toutes un Conte, a l'exception d'une seule qu'on peut accuser d'etre Dogmatique, mais qui n'est pas la moins singuliere.

I.

Quand Prométhée eut les humains formez ,

Je veux, dit-il, vous rendre aux Dieux pareils :

Par quoi serez tels que Priape , armez

De braquemars entre les deux orteils .

Si les forgea tous beaux et bien vermeils :

Les uns petits , et les autres plus grands ,

Selon la taille et les corps differens .

2

Mais sur le point que chaque carabine

S'alloit poser sur son vrai parapet,

Survint Bacchus, dont la liqueur mutine

De Promethée échauffa le toupet.

Dont a la fin le bon fils de Japet

Tout de travers acheva sa besogne.

Et de là vint, dont c'est grande vergogne,

Qu'aux corps humains, tant soient ils apparens

Harnois d'amour furent mal assortis;

Ayant donné les plus petits aux grands,

Et les plus grands a nous autres petits.

Certain Abbé se manuélisoit

Tous les matins, songeant à sa voisine.

Son Confesseur l'interrogeant, disoit,

- Vertu de froc, c'est donc beauté divine ?

Ha! dit l'Abbé, plus gente Cherubine

Ne se vit onc : c'est miracle d'amour.

Blancheur de lis, cuisses faites au tour,

Tetins, Dieu scait, et croupe de Chanoine.

Toujours j'y pense, et même encore ici

Je fais le cas. Eh! Pardieu, dit le Moine,

Je le crois bien, car je le fais aussi.

III.

Aux pieds d'un Moine à barbe venerable,

Un jouvenceau contoit ses passetems.

Le jour, bon vin, grand'chere, longue table :

La nuit tendron, ou veuve de vingt ans.

Le Reverend, levant de tems en tems

Les yeux au Ciel, disoit, Vierge Marie !

Quel chien de train ! Quelle chienne de vie !

Las ! j'en conviens ; je ne suis en ce lieu

Pour contester, reprit le bon Apôtre.

Hé ce n'est pas la tienne de pardieu,

Dit le Frater, je parle de la notre.

Deux Bernardins de diverses Provinces

De leurs Couvens faisoient description .

Chez nous , dit l'un , Moines vivent en Princes ,

Cave et cuisine ont à discretion :

Item Nonains , avec permission

De s'en servir quatre fois la journée .

Quatre ? Parbleu , c'est pitance bornée ,

Dit l'autre Moine : on nous le permet huit ;

Cinq le matin , et trois l'apres-dinée ;

Et si j'enrage encor toute la nuit .

6   V.

D'un Monastere à Venus consacré,

L'Abbesse étoit prête de rendre l'ame.

Un vieux Dragon de débauche alteré,

Vint en ce lieu pour rafraichir sa flame.

Las ! je me meurs, lui dit la bonne Dame,

Je ne saurois. Parbieu, dit le Soudart,

Voila de l'or ; envoyez quelque part.

Mais avisez pourtant que la Donzelle

Ne m'aille ici laisser de mauvais fruits.

Ha ! croiez vous que je veuille, dit-elle,

Tromper quelqu'un en l'etat ou je suis ?

VI.

Une Nonain par un Moine requise

Du jeu d'amour, lui dit : Pere Cordon,

Si me faut-il d'abord, peur de surprise,

Par la chatiere aulner votre bourdon.

Venez ce soir a l'heure du Pardon.

L'autre n'etant sûr de son allumelle

Le soir venu, fait a la jouvencelle,

Au lieu de lui, tâter son Compagnon.

Nenni, nenni, je m'y connois, dit-elle,

C'est de pardieu celui de frere Ognon.

VII.

Certains Hussards usant du droit de guerre,

Chez un Meûnier entrerent sans pitié.

Puis à ses yeux, levant leur cimetere,

Mirent à mal sa dolente moitié.

Pourtant la sotte, en signe d'amitié,

Du croupion remuoit la charniere.

Dont le mari lui dit : Ha boucaniere !

Je suis cocu, tu prends plaisir au cas.

Helas, mon fils, repartit la Meûniere,

C'est pour sortir plus vite d'embarras.

Un Cavalier de Landau revenu

Tres mal en point, chopinoit chez un Carme.

En chopinant vit sur son bras charnu

Toile de lin dont la beauté le charme.

Par la mort-bieu, s'ecria le Gendarme,

Onc Tisserand ne sçut avec tel art

Filer chemise. Ami, dit le Frapart

Troussant sa robe, il n'est que d'etre habile.

Vois-tu bien la Messire Jean Chouart ?

C'est la quenouille avec quoi je les file.

IX.

Un Compagnon disoit sa ratelée

A certain Carme : et s'accusoit à Dieu :

D'avoir donné trente fois l'accolée

A son amie, en même jour et lieu.

Le Moine dit, trente fois vertudieu !

Oui, dit le Gars, par la vertu secrette

D'une racine. Ami, dit le Billette,

A tout pecheur Dieu fait rémission.

Or baille moi ta joïeuse recette :

Et te promets mon absolution.

X.   11.

Un Medecin s'accusoit d'avoir fait

De sa Venus un petit Ganymede,

Le Confesseur lui dit; Ha! Bouc infect,

Tison d'Enfer, quel Demon te possede ?

Pourquoi, trouvant un innocent remede

Contre la chair, te damner pour si peu ?

L'autre repond, qu'il a lû que ce jeu

Rend l'œil plus clair, les visieres plus nettes.

He gros butor, reprit le Moine en feu,

S'il etoit vrai, porterois-je lunettes ?

XI.

Une fillette accorte et bien apprise

En pleine rüe un jour se laissa choir.

Grand vent souffloit, dont sa blanche chemise

De voltiger fit très-bien son devoir.

Si que chacun sans lunettes put voir

A découvert sa gentille chapelle.

Lors un Béat pour cacher à la belle

Ce que sçavez, mit son chapeau dessus.

Chapeaux à moi? Tirez, tirez, dit-elle,

C'est bien assez d'une main tout au plus.

Diantre soit fait, disoit un passager,

Et de la ville et des Dames de Rome .

Chez la donzelle, on poivre l'Etranger :

Chez la Matrône, un Mari vous assomme .

Et chez qui diable ira donc un pauvre homme

Chez les Gitons ? Ami vous dites bien ,

Reprit d'abord un Prêtre Italien .

Et n'aurions tous rien de meilleur a faire :

Si ce n'étoit la Bulle d'Adrien ,

Qui par malheur ordonne le contraire .

XIII.

Un jeune Peintre étant dans une Eglise

A contempler certains Tableaux connus ;

Dit, je voudrois pour plus de mignardise,

Féminiser un peu ces Anges nus.

Lors une vieille achevant ses Agnus,

Lui répliqua : Tai-toi, Jean de Nivelle :

Vois-tu pas bien que si mince allumelle

Jamais ne peut nous faire succomber ;

Mais les joiaux, vertuchou, de femelle

Plus sont petits, plus vous font regimber.

Certain Chanoine à la taille legere

Se confessoit d'avoir fait bricoler

Une Nonain. Passons, lui dit le Pere,

C'est du Seigneur la vigne travailler.

Plus une Veuve. Allons c'est consoler

Les affligez. Oui, mais, dit le Chanoine,

Ce n'est le tout. Comment? par saint Antoine,

Poursuivit-il, j'ai fourbi contre un mur ......

Qui? Votre Sœur. Ma Sœur, reprit le Moine:

Et moi ta mere. Adieu. Remittuntur.

XV.

Un Précepteur logé chez un Génois

Tant procéda, que de fil en aiguille

Il exploita la Niece du Bourgeois,

Et le Disciple, et la Mere, et la Fille.

Le cas fit bruit : Et le Chef de famille,

Homme prudent, tira mon drole à part.

Ça ça, dit-il, venez, Messire Oudart,

Sur notre peau consommer vos ouvrages.

C'est bien raison que j'en tire ma part ;

Puisque c'est moi qui vous donne des gages.

En plein Chapitre un Moine a son retour

Compte rendoit des frais de son voïage ;

Tant pour le coche, et tant pour le séjour :

Tant pour le vin ; et tant pour autre usage.

Puis quand ce vint aux frais du culetage,

Le papelard mit vingt livres tournois.

Lors le Prieur lui dit : par Saint François,

C'est trop payé. Trop païe, dit le drole ?

Je l'ai tant fait mort-bieu que chaque fois

Ne coute pas au Couvent une obole.

XVII.

Certain Ministre instruisant la jeunesse

D'une Nonain qui venoit d'abjurer ;

Approchez moi le vase de liesse,

Dit-il ; nature est prête d'operer .

Venez, Sara, venez, sans différer,

Faire un Elu dans la Loi Protestante ;

Pour me prouver votre conversion .

Las ! non pas un, dit-elle, mais cinquante .

Lors le Ministre ; O fille de Sion !

S'écria-t-il, que la grace est puissante !

A deux genoux une gente pucelle

Se confessoit aux pieds d'un Cordelier,

Et lui montroit par dessous sa dentelle

L'échantillon d'un tetin regulier.

Lors de la chair le Démon familier

Se fit sentir. Par quoi l'homme d'Eglise

Lui mit es mains son joïeux eguillon.

O qu'est ceci ? dit la fille surprise.

Prenez, prenez, reprit le penaillon,

C'est le cordon de Saint François d'Assise.

XIX.

Un Castillan zélé pour les Laïs,

En leur faveur chantoit comme un Orphée.

Un Florentin pour l'honneur du pays,

Aux seuls Gitons elevoit un trophée.

Mais vous voïant en Cavalier coiffée,

Chacun changea de gout et de discours.

L'Italien jura que pour toujours

Il quitteroit sa premiere pratique :

Et l'Espagnol promit tout au rebours

De n'exercer que l'amour Socratique.

Un Barnabite exploitoit Sœur Colette

Mal a son aise, au travers du parloir.

Ah ! quel travail, lui disoit la Nonette !

Bien mieux au lit ferions un tel devoir .

Ma chere Sœur, reprit le Moine noir ,

Un tel penser vient de l'Esprit immonde :

Dieu ne nous fit pour nos aises avoir

En ce bas lieu, comme les gens du monde .

XXI.

Une Novice accusoit un Curé

A son Prélat, d'avoir cueilli sa rose.

Avez-vous là, lui dit l'homme sacré,

Quelque témoin qui contre lui dépose ?

Las ! Monseigneur, la cellule étoit close ;

Et ne voulus crier, tant j'avois peur,

De réveiller Madame qui repose

Toutes les nuits avec le Promoteur.

En un marché passoient avec maint Sbire

Deux Florentins que pour crime on brula ;

Crime galant, tel que l'aurez pu lire

Du beau * Catule et de Caligula .

Peuple assemblé, disoit l'un, me voila :

Je suis l'agent, que tu ne t'y méprennes .

He dit le Prêtre , ami , laissons cela .

Ne songez plus aux vanités humaines .

Valerius Catulus .

XXIII.

Un maître Moine exploitoit une Sœur

Pendant la nuit, comme on disoit Matine.

Mere Christine, en s'en allant au Chœur,

Les apperçut avec Sœur Clementine.

Dont celle ci faisant la diablotine

Voulut crier, et sonner le tocsin.

Laissez, laissez, lui dit Mere Christine,

Ne troublons point le service divin.

Un Verd-galant se confessoit n'aguere

D'avoir reduit mainte fille aux abois.

Et des garçons dit le Moine ? Ah ! mon Pere

Je ne suis homme a semblables exploits.

Tant mieux, mon fils : poursuis, si tu me crois,

Dit le Pater, je te loue et pour cause :

Car si ce mal t'arrivoit une fois,

Plus ne voudrois jamais faire autre chose.

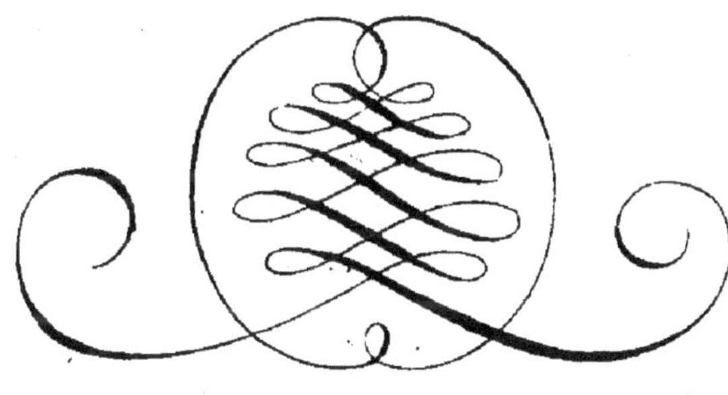

XXV.

Le Pénitent d'un disciple d'Elie

Lui racontoit qu'en un lieu débauché,

Il avoit pris de fille assez jolie

Le fruit cuisant de l'amoureux péché.

Le Carme dit ; je n'en suis trop faché,

Aux Indévots sied bien un tel salaire.

Ja ne seriez de venin entiché

Si comme nous portiez le Scapulaire.

Un Quiétiste ardent comme un tison

Mettant un soir son rossignol en cage ,

Le corps en rut , l'esprit en oraison ,

Très saintement depêchoit son ouvrage .

Et redoublant maint dévot culetage ,

L'esprit au Ciel sans relâche attaché :

Dieu soit… Dieu soit… dit le saint Personnage,

Dieu soit loué , je l'ai fait sans peché .

XXVII.

Un vieux paillard, qu'a Rome on accuso

De pratiquer l'amour antiphisique,

Vit a Paris un Prêtre qu'on cuisoit

Pour même cas dans la place publique.

Helas, dit-il, le pauvre Catholique !

Que n'est-il ne Romain ou Ferrarois ?

Pour un écu la Taxe Apostolique,

L'auroit absout du moins quatre ou cinq foi

Frere Conrard, Hermite plein de suc,

Trouvant au lit une Dame discrette,

Lui fit tourner l'anagramme de luc,

Et de droit fil s'ouvrit la voie etroite.

Que faites vous, s'ecria la levrette ?

Ce n'est pas là, c'est plus bas, vous dit-on.

Laissez, laissez, dit l'humble Anachorette,

Ceci pour moi n'est encor que trop bon.

XXIX

Un gros Prieur de luxure écumant,

Sur un chalit piquoit sa haridelle,

Et s'echauffoit jurant, et blasphemant,

Comme un Payen : Tant qu'enfin la donzelle,

Pour Dieu, mon fils, ne jurez plus, dit-elle :

Vous vous damnez. Cornes de Belzebut,

Dit le Frater, vous me la baillez belle,

Suis-je en ce lieu pour faire mon salut ?

Un Moine ayant (c'étoit un Soûprieur)

D'une Nonain vérifie le sexe,

Las d'encenser le Temple antérieur

Voulut aussi visiter son Annexe.

O vanité ! dit la None perplexe.

Qu'en son état l'homme se connoit mal !

Que vers le bien sa route est circonflexe !

Un soûprieur trancher du Cardinal !

XXXI.

Qui fait l'enfant dans l'amoureux ébat ?

Disoit Agnès à sa Dame prudente.

Est-ce celui qui sous l'autre s'abat ?

Ou bien l'agent qui dessus instrumente ?

La Dame alors lui dit : pauvre innocente,

L'enfant se fait par ceux qui sont dessous.

Dieu soit beni, repliqu'a la suivante.

J'en ai fait un a Monsieur votre Epoux.

Un Cordelier prêchoit sur l'adultere ,

Et s'echauffoit le Moine en son harnois

A demontrer par maint bon Commentaire,

Que ce peché blesse toutes les loix ;

Oui mes enfans dit-il haussant la voix ;

J'aimerois mieux pour le bien de mon ame,

Avoir à faire a dix filles par mois ,

Que de toucher en dix ans une femme .

XXXIII.

Sept fois par jour au moins le juste pêche,

Disoit en chaire un fils de Loyola .

Sept fois ? reprit une vieille Pimbeche :

Est-il encor bien de ces justes là .

XXXIV.

Sur leurs santez un Bourgeois et sa femme

Interrogeoient l'Operateur Barri,

Lequel leur dit: pour vous guerir, Madame,

Baume plus sur n'est que votre mari.

Puis se tournant vers l'Epoux amaigri,

Pour vous, dit-il, femme vous est mortelle.

Las! dit alors l'Epoux a sa Femelle,

Puis qu'autrement ne pouvons nous guerir,

Que faire donc? je n'en scais rien, dit-elle:

Mais par Saint Jean, je ne veux pas mourir.

D'un jeune Gars de frayeur tout pantois

Frere Remi confessoit le peché.

Pere, dit-il, j'ai forniqué six fois.

Six fois ? oh, oh ! quel garçon débauché !

Ensuitte ayant son tarif épluché,

Pour un Rosaire absous il le quitta.

Vint un Second qui de neuf se vanta :

Sa taxe fut d'un Rosaire et demi :

Mais le dernier troubla frere Remi ;

Car il avoit onze fois fait le cas.

Onze ? parbieu mon compte n'y vient pas ;

Ce nombre n'est dans mes capitulaires.

Lors le Pater calculant par ses doigts,

Morbleu, dit-il, voilà bien des misteres !

Allez le faire encore une autre fois,

Et pour le tout vous direz deux Rosaires.

XXXVI.

Deux Cordeliers beaux debrideurs de Nones,

A frais communs desservoient un Couvent,

Et dirigeoint douze fringantes Nonnes :

C'en étoit six pour chaque desservant.

L'un trépassa dans ces rudes epreuves :

Moi j'ai bon dos, dit l'autre survivant ;

Morbleu je veux epouser les six veuves.

Un Cordelier frais gaillard et dispos,

Apres diner attendant le Service

Entretenoit trois autres de propos,

Et leur contoit qu'une jeune Novice

L'avoit prié de fourbir son devant.

Puis il leur dit, son discours poursuivant,

Freres très chers, qu'eussiez vous voulu faire?

Les deux ont dit qu'ils eussent pris la haire,

Et que soudain eussent quitté le lieu :

Mais le dernier dit qu'il l'auroit f... tue.

Lors le Frater : c'est bien dit, vertubieu ;

Elle le fut, ou la peste me tue.

XXXVIII.

Pour confesser femelle de vingt ans,

Par un matin arriva Pere Antoine.

Près de son lit dabord se mit le Moine,

Et tost apres le Ribaud fut de dans.

Frere Lubin avec des yeux ardens

Voyoit le tout de loin par la fenetre :

Mon Dieu, dit-il alors entre ses dents,

N'aurai-je point le bonheur d'etre Pretre ?

Deux jeunes Gars en amour gens d'élite

Gageoient un jour à qui mieux le feroit.

L'un le fit onze, et tout bas murmuroit,

Mais l'autre en fit quatorze tout de suitte,

Et dans l'instant se saisit de l'enjeu.

Le malheureux a certaine Donzelle

Conta le cas. Sainte Vierge, dit-elle :

Est-il permis de perdre a si beau jeu ?

XL.

Un Guillaumet mâtinoit à Confesse,
Un Sectateur de l'art du Titien.
Quoy! vous peignez, disoit l'homme de bien,
D'après le nud bras, tetton, cuisse, fesse,
Le tout a choix ? il n'est nul, voire un Saint
Dont en ce cas la chair ne fut rebelle.
J'ai, dit le Peintre, un remede certain :
J'exploite avant, quatre fois mon modele.

Un Cordelier, un Billete, un Gendarme

N'avoient qu'Alix pour unique attelier.

On tire au sort : le sort echut au Carme,

Puis au Frapart, et puis au Cavalier.

Gentil Soudart, lui dit le Cordelier,

Ja de longtens tu n'auras ton aubaine :

Le Carme et moi finirons la douzaine,

C'est la gageure : Or n'en sois point marri ;

En attendant faisons l'œuvre Romaine,

Et pour cela ne perdrai le pari.

XLII.

Un vieil Abbé peu curieux de Messe

Pendant la nuit de Noel exploitoit

Fille de bien : mais mal s'y presentoit,

Dont tout les deux avoient grande detresse.

De ce, dit-il, ne t'etonne, m'amour :

Dieu ne permet qu'on peche en si Saint jour.

Avint pourtant qu'a la fin il enguaine ;

Lors elle dit, Dieu n'y songe t'il plus ?

Si : dit L'Abbé. Mais ce n'est pas sans peine

Qu'enfin le Diable a repris le dessus.

Un Compagnon que les Tures avoient pris

A son retour merveilles racontoit,

En recitant comment il fut surpris,

Et ses tourmens a deux Dames contoit.

L'une des deux qui si piteux cas oit

Luy demanda : que font les Tures aux femmes?

Helas ! dit-il, ces malheureux infames

Leur font cela tant qu'ils les font mourir.

Oh ! plut a Dieu ! dit l'une de ces Dames,

Que pour la foy pussions ainsi souffrir !

XLIV.

Avec Scandale un Prêtre en son taudis

Entretenoit gentille Cherubine .

Vous, pour le sur, et vôtre Concubine ,

Dit Frere Luc, de Dieu serez maudits :

Epousez vous ; les Anges ebaudis .

Fête en feront sur le celeste ceintre .

Epousons donc, puis qu'il faut, dit le Peintre ,

Etre Cocu pour gagner Paradis .

Un Cordelier faisoit l'œuvre de chair,

Et s'ébatoit en festoyant sa mie,

Son Compagnon lui dit, Frere tres cher,

Pourtant faut-il aller chanter Complie.

Lors le Frater dit, par bleu je m'oublie :

Sus, haut le cul, depechons nous, Gogo ;

Jereviendrai, si Dieu me prete vie,

Dès que j'aurai chanté, Tantum ergo

XLVI.

Quoy ! faire cas d'un plaisir qui ne dure !

Ah ! renoncez a celui de Nature,

Disoit un jour un Devot tres outré.

Le Gars auquel fut ainsi remontré,

Lui repliqua, vous savez mal conclurre:

Bon pour celui qui pouroit se lasser,

Et s'abatroit d'une seule aventure ;

Mais mon plaisir est de recommencer.

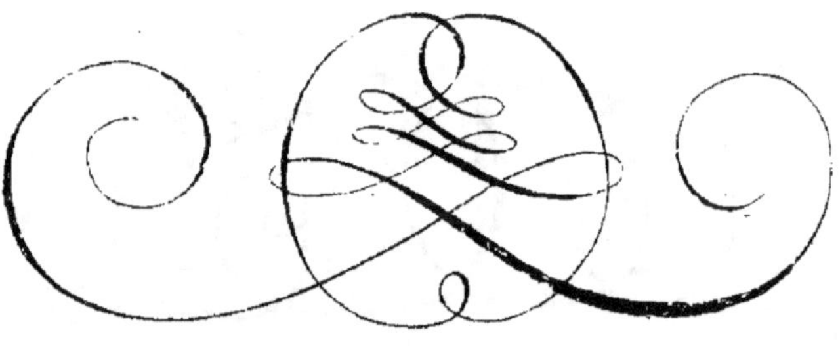

Dans un village au jeudi de l'Absoute,

Certain Pasteur dit au Peuple amassé ;

Aumoins, Enfans, afin que nul n'en doute,

N'allez pas faire ainsi que l'an passé.

Tous vos maris, femmes, m'ont confessé

Avoir troussé leurs voisines en male,

Et d'entrevous nulle n'a prononcé

Avoir forfait à la foi conjugale.

XLVIII.

Dans un chemin un pais traversant,

Pierrot tenoit sa Jeannette accolée,

Sur ce de loin avisant un passant,

Il fut d'avis de quitter la melée.

Pourquoy fais-tu, dit la Garce affolée,

Treve du cul ? Paix, dit-il, laisse moy,

Je vois quelqu'un : c'est le chemin du Roy.

Ma foi, Pierrot, peu de cas te debauche,

Il n'est pas fait plutost, comme je croy,

Pour un pieton que pour un qui chevauche.

Un Penitent se confessoit de faire

Cettui peche qu'on fait de la les Monts ,

Ho ! le mechant, lui disoit le bon Pere ,

Crain tu si peu l'Enfer et les Demons ?

Pere, dit-il, tant beaux soyent vos Sermons,

Romain je suis, nous n'avons d'autre joye .

Mais, dit le Pere, ami prend l'autre voye ,

Et met au moins les choses en leur lieu ,

Il le promit : le Pere le renvoye ,

Et crut avoir acquis une ame a Dieu .

L.

Un Peintre etoit qui jaloux de sa femme

Allant aux champs lui peignit un baudet

Sur le nombril, en guise de cachet.

Un sien confrere, amoureux de la Dame

La va trouver, et l'âne efface net,

Dieu sait comment : puis un autre en remet

Au même endroit, ainsi que pouvez croire.

A ce lui ci par faute de memoire

Il mit un bât : l'autre n'en avoit point.

L'Epoux revient, veut s'eclaircir du point.

Voyez, mon fils, dit la bonne Commere,

L'Ane est temoin de ma fidelité.

Diantre soit fait, dit l'Epoux en colere,

Et du temoin, et de qui la bâte.

LI.

Un Florentin voulant d'apres nature

Peindre a plaisir un Saint Sebastien,

Prit un blondin de gentille figure,

Le mit tout nud, et le lia tres bien ;

Mais ce faisant un feu venerien

Saisit le Peintre. Il pousse, il se fait breche :

Le Saint cria. Chut, dit l'Italien,

Ce n'est encor que la premiere fleche.

Lise en son lit luttoit contre la parque,

La Faculté la laissoit sans espoir.

L'Epoux voulut lui donner une marque,

Même en mourant, du conjugal devoir.

Lise revient : Surpris de la revoir,

Son Medecin dit, quel est ce mistere ?

Quelle recette ?.... Ah! que j'ai de regret,

Reprit l'Epoux, quand je perdis mon pere,

De n'avoir pas employé ce Secret !

Brûlé du feu de la concupiscence,

Frere Thibault vint trouver son Gardien.

Jeûnez mon fils, lui dit sa Reverence ;

Thibault jeûna, le jeûne n'y fit rien.

Lors derechef Thibault se plaint : Eh bien,

Joignez au jeûne et discipline et haire,

Dit le vieillard : mais las ! le pauvre Haire

Sentit sa chair encor plus regimber.

Vertu de froc ! succombez-y donc, Frere,

Tant que d'un an n'y puissiez retomber.

Masqué du froc d'un Enfant d'Elisée

Damon pressoit Sœur Alix, et dabord

Par cet habit la belle humanisée

Avec Damon fut aisement d'accord.

Lui pour l'honneur du froc fit maint effort.

Mais six exploits mirent bas le Gendarme,

Quoy ! dit Alix, cet homme cy s'endort

Apres six coups ? Ah ! chien, tu n'es pas Carme.

Au jeu d'amour une gente Donzelle

Voulut induire un Cavalier Romain.

L'Ultramontain a son culte fidele

La refusoit, et même avec dedain ;

Quand, pour lui plaire, elle tourna soudain

Ce qu'a Jupin Ganimede reserve.

Mais dans son gout malgré l'offre affermi,

Me fourer la ? dit-il : Dieu m'en préserve !

Je logerois trop près de l'ennemi.

LVI.

Certain François habitant de Florence

Se confessoit du peché de la chair

A Pere Isaac qui lui dit : Parlez clair :

Le cas est-il de Toscane ou de France ?

Expliquez vous : le point est important.

Peu m'en souvient, dit l'autre en hesitant :

De nuit le tout se fit a l'aventure.

Le Confesseur trouvant la chose obscure,

Cela, dit-il, faisoit-il Ric ou Rac ?

Ric, repondit le Penitent sincere .

Parbieu le cas, reprit le bon Isaac,

Est donc Toscan : n'en doutez pas, Compere

Un Grenadier s'accussoit a confesse

D'avoir forcé le lit de son hotesse

Par droit d'etape, au nez de son Cocu.

Dont peu content fut-il, mais bien battu ;

Combien de fois fites vous cette affaire ?

Dit le Beat : car il faut les compter .

Combien ? reprit le Soudart : oh ! mon Pere

Je ne suis pas icy pour me vanter .

LVIII.

Enrendez vous avec Donzelle vive

Pour consommer une affaire de cœur,

Paul excitoit sa nature tardive :

Lise au filet l'accusoit de froideur.

Mais lui feignant un excés de roideur,

Pour gagner tems mettoit de la salive ;

Ce que voyant la Ribaude naïve

Dit, tu nous fais à tous deux trop d'honneur.

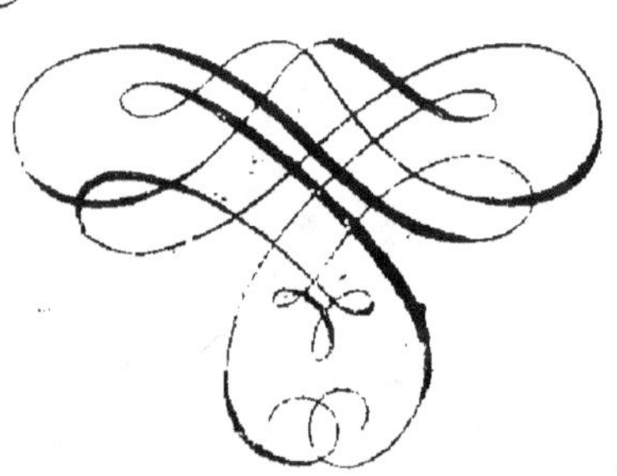

Un Catalan subtil, s'il'enfut onc

Se confessoit d'avoir fait sa conqueste

D'un Leopard. Eh comment fis tu donc ?

Dit le Frater. Parbleu je mis la beste

Dans une tonne, et la je lui fis feste,

Tirant sa queue a travers le bondon.

Homme de bien, lui dit Frere Fredon,

Tu m'aprends la chose tres profitable :

Car l'autre jour exigeant pareil don,

Un simple chat me fit un mal de Diable.

LX.

Un beau Chartreux Moine Napolitain

Fut pris sondant son Prieur Dom Jerome,

Et fut conduit au Metropolitain.

Ça votre nom ? dit l'Evêque. Dom Côme

Votre peché, quel est-il ? de Sodome.

Votre age, quel ? il est de vingt huit ans.

Moine de quand ? dés mon plus jeune tems.

Dans le couvent qu'estes vous ? Econome.

Hom ! dit alors l'Eveque entre ses dents,

Bien payerois un pareil Majordome.

LXI.

Au lit de mort une Vieille a confesse,

Qui cinquante ans sous Venus travailla,

A Bourdaloue exageroit sans cesse

Les doux plaisirs dont Amour la combla.

Oh ça, luy dit l'Enfant de Loyola

Songez a Dieu. Je le voudrois dit elle :

Mais j'ay toujours un B … de V… la

Même en mourant qui me F.. la cervelle.

LXII.

Astreé un jour s'enquit du Medecin,

Quel tems etoit a l'amour plus propice.

L'Ebat, dit-il, au matin est plus sain,

Mais vers le soir il a plus de delice.

Doctrine sure ! Oracle accredité !

Depuis ce tems la reguliere Astreé

Chaque matin le fait pour la santé,

Pour le plaisir le fait chaque soireé.

Nonain Ferlue, et Frere Roidymet

S'escarmouchoient de la belle maniere :

Comme un verrat le bon Frere ecumoit,

La bonne Sœur s'escrimoit du derriere :

Mais quand venoit a l'extase derniere ,

Comme un Payen le frapart blasphemoit.

Ah ! quel peche ! dit lors la Mijaurée ,

Tels juremens vous damneront : helas !

Dieu permet bien que prenions nos ebats :

Mais pour querir mon ame timoree ,

Frere tres cher, pour Dieu, nejurez pas .

LXIV.

Certain Mazet, grand faiseur de neuvaines,

Contoit son cas aux pieds d'un Franciscain

Puis quand il eut nombré quelques fredaines,

Il s'accusa qu'une jeune Nonain

L'avoit prié de l'amoureuse affaire.

Le fites vous ? nenni de par Saint Pierre,

Onc je ne fus souillé de tels forfaits.

Dieu d'Israel ! dit le Reverend Pere :

Conduis un peu tel gibier dans mes rets,

Et tu verras si je n'ose le faire.

Le Frere Luc ayant mis bas bissac,

Froc, et manteau pour Dame Basdebec,

Bien l'exploitoit au fonds d'un cul de Sac;

Main sur teton, œil contre œil, langue en bec.

Puis tout a coup Luc d'un gout un peu Grec

La vire droit, fiche ou savez son pic.

Pour l'en oter, siflant comme un aspic,

La Dame alloit et de taille et d'estoc

Se remuant. Sacre froc d'Habacuc!

Trop bien allez, lui dit le Porte froc:

Mieux qu'un Prelat vous traitez Frere Luc.

I.I.

LXVI.

Au rendez vous dés le matin donné,

Vint une belle yvre du vin nocturne :

Dont le Galant se trouvant etonné,

A la tanser point ne fut taciturne.

Morbleu ! dit-il haussé sur son cothurne ,

Ce n'est aimer que s'ennivrer ainsi :

Le trait est noir . Oh ! Oh ! nous y voici,

Reprit la Dame : Et par le grand Saint Jaques

Vous semble t'il que nous soyons ici

Venus tous deux pour y faire nos Pasques ?

Certain autel de royale fabrique

A pour tableau l'Annonciation.

Voyant la Vierge un vieillard Séraphique,

Du feu charnel sentit l'émotion :

Si forte en lui fut la tentation,

Qu'avec scandale il quitta le mistere.

Fi ! quelle horreur ! dit un Jesuite austere ;

Onc pour tableau tel penser dissolu

Ne m'aviendra : qu'on allume le cierge,

Vierge ne crains. Le Béat résolu

Sans rien sentir considere la Vierge.

Mais il vit l'Ange, et le voila pollu.

LXVIII.

Robin cherchant aventure charnelle

Pressoit au bal tendron de quatorze ans,

Qui sous l'habit de gente Damoiselle

Luy dit, calmez ces desirs violens,

Point ne ferez icy d'exploits galans :

Mâle je suis. Robin ne se dérange,

Et s'ecria les yeux etincelans,

Ainsi soit-il : par bleu je gagne au change .

Un Florentin faisoit son Cupidon,

Et s'ebatoit d'un Suisse du Saint Pere.

Le Barigel par sentence sévere

Le condamna d'aumoner un teston.

Le condamné cria, c'est tiranie :

Payer vingt sols pour peche si mignon ?

Beau justicier, sommes en Italie,

En lieu Papal. Payons sans repartie,

Reprit Dandin : tu las bien merité.

Ton cas n'est point honnête Sodomie,

Mais bien peche de bestialité.

LXX.

Vous repondrez, ô corrupteur de filles,
Disoit en chaire un Docteur véhement,
Vous repondrez de toutes péccadilles
Qu'elles feront avant le Sacrement :
Punis serez au jour du jugement,
D'avoir au mal Femelle façonnée.
La jeune Alix qu'un Amant inconstant
Depuis huit jours avoit abandonnée,
S'ecria, bon ! j'en ferai tant et tant,
Que du fripon l'ame sera damnée.

Un Maître Carme exploitant sœur Alix

Avoit deja défilé jusqu'a six.

Ah! c'est assez : finissons lui dit-elle,

On sonne au Chœur, et l'Office m'appelle.

Eh quoy ! si vite ? encore un pauvre Ave :

Rien plus, ma Sœur, et puis je me retire.

Qu'un Ave ? soit : voyons je vais le dire :

Ça faites donc ; j'y joindrai le Salve.

LXXII.

De continence un Pretre etant malade,

La Faculté n'eut qu'un mot Si coit.

Une Catin s'offrant a l'accollade,

A quarante ans il dit son introit :

Dont aussitost le celebrant larmoye.

Eh ! quoy ! mignon, dit la fille de joye,

Tu fais si bien, et ja tu t'en repends ?

Eh ouy ! mordieu, mais de par Sainte Avoye,

C'est de m'en être abstenu si longtems.

La Mariée au saut du lit jasoit

Sur l'instrument de la paix du menage ,

Et discourant du Marié, disoit,

De son fetu neuf pouces font l'aunage ,

Neuf tout en gros : quelle honte a son age !

Car entre nous il a vingt ans et plus

Et notre Anon qui n'a pas daventage

Que dix huit mois, porte un bon tiers de plus.

LXXIV.

Un Carme etoit chez une Veuve en pleurs,
Et de son mieux sermonoit la Matrone.
La Rhetorique ayant semé ses fleurs
Le tout sans fruit, mon Ribaud vous la prône
A la façon du Soldat de Petrone,
Une, deux, trois, quatre cinq, et six fois.
Rien n'opera : dont le Moine aux abois
Sort en donnant telle pleureuse au Diable
Chacun s'enquiert : eh bien! Pere Courtois
Cette femme est dit il, inconsolable.

Un Capucin ardent et plein de feu

Dans un B....., excitoit une None

Au jeu d'aimer : mais pour l'amour de Dieu,

Gratis, s'entend. Non pas, dit la fripone,

Nescio vos, *Pere Zorobabel*.

Je vis du C.. comme vous de l'autel ;

Tirez de l'or, autrement point d'affaires,

De l'or a nous ? repond le Bouc sacré,

Las ! par nos vœux nous l'avons abjuré :

Mais airez bien pour vous tant de Rosaires.

LXXVI.

Frere Conrad en un reduit bien clos

Par un matin a gentille Touriere,

En vrai Béat, refait par le repos,

Insinuoit sa cheville ouvriere.

On sonne alors : Ah ! contretems maudit !

Foin de la cloche, et de qui la fondit,

S'écrie Agnes, en doublant la croupiere.

Le Penaillon qui plus fort se roidit,

Piquant des deux pour fournir sa carriere,

Serre la Sœur, et prêt a faire feu :

Parbleu, dit il, tu t'etonnes de peu :

Laisse sonner et repond du derriere.

Un Recollet plus chaud que le Vesuve

De Sœur Agnes foulant l'arriere cuve,

Trop bien sçavoit employer son loisir.

Deja trotoit la huitieme accolée,

Quand le Scrupule ennemi du plaisir

Vint prendre au poil la Nonne desolée ;

Qui luy dit, Pere : Eh Dieu qui voit cecy,

De tel peché nous fera t'il merci ?

Telle raison ne doit troubler la fête,

Dit le Pater : a quoy bon ce souci ?

N'avons nous pas toujours la grace prête ?

LXXVIII.

Lucas privoit Alix des droits d'Hymen

Depuis huit jours, quand la chaleur extrême

Fit qu'en dormant elle etendit sa main

Qui par hazard tomba sur l'endroit même

Dont la sevroit cet Epoux inhumain.

Dans ce moment vous jugez bien peut être

Qu'au seul toucher la bête s'eveilla.

Pauvre Animal ! s'écria t'elle, il a

Du naturel cent fois plus que son maître.

Un petit Maitre êtoit fort amoureux

Depuis six mois de la jeune Angelique :

Il etoit riche, et l'on souffroit ses feux ,

Mais a la fin si faut il qu'on s'explique.

Vint un beau jour que le Pere lui dit,

Beaucoup d'honneur vous faite a ma fille :

Mais sur quel pied, demande la famille ,

La voyez vous ? Moi ? sur le pied du lit .

LXXX.

Un Mousquetaire aux pieds d'un vieux Billete

Son cas joyeux déduisoit clair et net.

J'ay, disoit il, avec un tendre objet

Depuis long tems une intrigue secrete.

Ce n'est le tout. Item je suis sujet....

A quoy ? voyons ... a le faire en levrette,

D'ou vient cela ? reprit Pere Seguin.

C'est que j'y trouve un pouce au moin de guain.

Ah! mon enfant, dit le Saint, Personnage

Pour ton salut revien a l'avant main.

L'Esprit pervers avec ce beau menage

M'a fourvoyé cent fois de mon chemin.

A Frere Luc dans un castel oisif

Le Diable dit d'un ton imperatif,

Bois, ou fornique, ou bien occis ton hôte :

Si n'obeis, je t'etrangle sans faute ;

Or par bonté je n'en veux qu'un des trois.

Le Moine alors de s'ennivrer fit choix,

Si qu'il advint qu'au fort de son yvresse,

Le Portefroc vous baisa la maitresse,

Puis envoya l'Epoux chez ses Ayeux.

Pour moi je donne au Diable a faire mieux.

LXXXII.

Un Orateur plus distrait que Menalque

Sans Haut de chausse êtoit venu plaider

Contre un mari qui ne pouvoit b... der

Non plus qu'un mort au fond d'un catafalque.

En s'escrimant l'Avocat se troussoit

Si qu'on voyoit son Docteur qui poussoit

Ad mulierem un argument en regle,

Et fierement le voit sa tête d'aigle.

Son Concurrent le voyant en arrêt,

Tout de son haut cria, Maitre Forêt

Habillez vous, et cachez votre chose;

Vous l'avez la dans un bel appareil.

L'autre répond, nous perdrons notre cause,

S'ita partie en produit un pareil.

LXXXIII.

Un Reverend a face guillerette,

Oyoit le cas d'un jeune debauché,

Qui s'accusa que gente Bachelette,

Avoit la nuit entre ses bras couché.

Combien de fois s'est commis le peché ?

Trois fois sans plus, repond le Camarade.

Comment ? trois fois, dit le Pere faché,

En une nuit ? vous etiez donc malade.

LXXXIV.

Un Franc Comtois, un Florentin, un Suisse
Au Cabaret, se trouvant un peu gris,
Vouloient giter : tous les lits étoient pris ;
N'en restoit qu'un que partiers on divise.
Au beau milieu le Suisse s'endormit ;
Par le Comtois la ruelle fut prise ;
Et poliment le Florentin se mit
A l'autre bord. Or la nuit il arrive,
Par cas fortuit que le Suisse pousse
Alloit jetter son voisin hors de rive.
Tenez vous donc, je suis par trop pressé,
Parlez plus bas : ce drole çu s'enflamme,

Et tout rêvant va son petit chemin ;

Que vous et moy nous en rirons demain !

Le bon Toscan croit le mettre a sa femme.

LXXXV.

De Pezenas un citoyen fidele

Disoit avoir a jeune jouvencelle

En une nuit donné dix fois l'assaut.

Alix l'oioit : mon bon Ange, dit elle,

Je voudrois bien avoir ce qu'il s'en faut.

LXXXVI.

Deux Gars étoient sur un même pallier

(L'un Franc Picard et l'autre de Provence)

Qui d'une Agnés, leur commun attelier

Endoctrinoient tour a tour l'innocence.

Le papier but. Ça de qui le poupon,

Interrogea le Juge après la mere ?

Helas ! Monsieur, dit elle, c'est selon :

Moy même en suis en peine la premiere.

Si toute fois j'accouche par devant,

C'est au Picard sans faute qu'est l'enfant :

Au Provencal, s'il me vient par derriere.

Un Laboureur des confins de la Bresse

Paisiblement s'ebatoit d'une Anesse.

On en fit bruit. Dabord le Compagnon

Envoye exprès traiter en Avignon

De cette affaire. Au retour de son homme,

Eh bien, dit-il, a combien les pardons ?

Nous faudra til, Cousin, aller à Rome ?

Non, j'ay ton fait pour quatre ducatons,

Reprit l'Agent, y compris le voyage :

Et le Légat même, sans tracasser,

Pour environ trois écus d'avantage

T'auroit, parbleu, permis de l'epouser.

LXXXVIII.

En tisonnant Alix un soir d'Hiver

Vantoit a Jean les hauts faits du vieux Blaise.

A cinquante ans c'est être encor bien verd

D'aller a trois. A trois? dit Jean: Fadaise;

Je doublerois, gageons; et qu'il te plaise;

Argent sur table. Oh! Oh! va dit Alix.

Jean sert un, deux, trois, quatre, cinq, et six,

Et veut saisir les enjeux sur la planche.

Oui da? dit-elle: Eh la, tout beau, mon fils:

Tien je remets; allons va ma revanche.

Le Medecin d'un Ecolier malade

Recommanda qu'on gardât de son eau :

On en serra, mais la Garde maussade

L'ayant fait choir, a son propre tonneau

Vite en retire, et remplit le vaisseau.

Le Docteur vient, et dit, ce sont eaux claires

De femme grosse, on ne m'y trompe gueres.

La Garde rit : le Docteur se defend.

Lors l'Ecolier ; je l'ai bien dit aux Peres

Qu'ils me feroient tôt ou tard un Enfant.

LXXXX.

Un Cordelier gageoit a son hotesse,

Qu'il lui feroit douze fois dans la nuit.

Marché fut fait, et Priape se dresse :

Le Cordelier en comptoit deja huit.

Huit se recrie Alix ; ah ! tu m'en passe

Frere Ribaud, et ce n'est pas bienfait

D'en marquer huit quand ce n'en est que sept.

Mais je vois bien : deja le jeu te lasse,

Et crois par la ta besogne avancer ;

Moy ! vertubieu : tien, voila que j'efface

Le tout : allons, c'est a recommencer.

Un jour auprès d'un aveugle en priere

Au coin d'un bois Jean du malin pressé,

Mit bas Alix gentille chambriere,

Et l'exploita sur le bord d'un fossé.

L'Aveugle ecoute, et d'un ton plus baissé

Va marmotant l'Ave de Notre Dame.

Ah! je me meurs, dit Alix qui se pâme,

Et moi, dit Jean, jà je suis trepassé.

Les pauvres gens! Dieu veuille avoir leur ame,

Repond l'Aveugle, et les mettre in pace.

LXXXXII.

Un Villageois menoit sur son grison
Dame Babet, bourgeoise jeune et drue.
Ou mène tu cette Dame Alison,
Dit un Soudart qui marchoit en recrüe?
Messieurs, dit-il, a la troupe bourrue,
Elle est ma femme. On le va voir : eh bien
Puis qu'ainsi va faisluy donc un Chretien.
Bastien mon fils, dit la pauvre Babiche,
Met par auprès. Non ferai, dit Bastien,
Ils me tueront, vertublea, si je triche.

Maitre Martin un jour ayant chez Soi

La fine fleur de haute pruderie :

Venez, dit-il, Mesdames , suivez moi ;

Voyez donner l'avoine, je vous prie

A mes Mulets . On va dans l'Ecurie ;

Et qu'y voit on ? cent Gaillards arborant

De Priapus l'étendard conquerant .

Ma chere, dit une des Heroines

A sa Compagne attentive au plus grand ,

Allons nous en : car on nous fait des mines .

LXXXXIV.

Un Capucin malade de luxure

Montroit son cas de virus infecté,

Et pour cacher du mal la source impure

La rejettoit sur son austerité :

Ah ! disoit-il au supôt de Saint Côme

Voyez un peu, Maitre André, voyez comme

Elle me l'a tout du long ecorché.

Qui ? cette robbe. ouy dà Frere Miché

Oh ! votre robbe est donc, sur ma parole

Une Putain, et gare la verole.

Chaud de boisson certain Docteur en Droit ,

Voulant un jour baiser sa chambriere ,

Fourbit très bien d'abord le bon endroit ,

Puis la virant preste sur la croupiere

Se huche . Helas ! quel taon vous apique ?

Serrant le cul, s'ecria la Commere ;

Par là jamais nous n'avons forniqué .

Jamais ? tant pis : allons laisse moy faire ,

Ne suis-je pas Docteur in utroque .

LXXXXVI.

L'Ami Paschal après cinq ans de soins,

Et menus frais pour certaine Commere,

Un jour enfin demanda son salaire,

Et le Galant ne requérsit pas moins

Que, payé fut au tarif de Cithere.

Je n'en puis tant, dit la Belle a Paschal :

Non que pour nul je sois ingrate et fiere,

Mais le devant est tout a ton Rival.

Pour l'autre voye, est a toi toute entiere

Lors dit l'Ami : passons, il m'est egal

Que Paschal soit ou devant ou derriere.

Chez un Evêque où dinoit Boismorand,

Au Dieu Cunnus on buvoit a la ronde,

Et l'on chantoit le los d'un Dieu si grand.

Boismorand seul le blasonne et le fronde ;

On le renvoye au Prelat qui le gronde.

Eh ! sacredieu, dit le Pretre faché,

Dans cet étang comme vous j'ai pêché,

Mais, Monseigneur, c'est ce qui me desole :

Vous avez pris vous un bon Evêché,

Et moy je n'ai gagné que la veröle.

LXXXXVIII.

Des Grenadiers mis a discretion

Chez une Veuve ayant fille jolie,

Apres avoir pillé, fait carillon,

Et des tonneaux bû jusques a la lie,

Furent d'avis de tater du tendron.

La Veuve alors a doucissant le ton,

Leur dit helas ! c'en est fait de sa vie :

Elle en mourra la pauvre Louison,

Tombe sur moi plutost votre furie.

Apres leur mort où vont les Pucelages !

En Paradis ? ils tenteroient les Saints.

Descendent-ils sur les sombres rivages ?

Si bon morceau n'est pour Esprits malins.

En Purgatoire ? ils l'ont fait dès ce monde.

Dessous les Mers ? ils desecheroient l'onde.

Où vont-ils donc ? Limbes sont leur séjour ;

Des Innocens ces lieux sont la patrie :

Quand Pucelage abandonne le jour

Apeine il scait ceque c'est que la vie.

Le Fait, le Droit qui sur le formulaire

Depuis longtems partagent les esprits,

Faisoient grand bruit, et l'on traitoit l'affaire

Avec chaleur : lorsque l'on fut surpris

De voir Ninon terminer la querelle,

Et sur le champ trouver ce tour adroit :

Tant qu'il est Droit, il n'est pas Fait, dit-elle ;

Quand il est Fait, il cesse d'être Droit.

Usé du jeu que pratiquoit Socrate

Un Moliniste aux pies d'une Béate

Par maints efforts excitoit au plaisir

Nature lente a suivre son désir :

Tant froide étoit qu'encor seroit gissante,

Sans le secours d'une main bienfaisante.

Cecy, dit lors le Caffard transporté,

Ouvre a mes yeux le secret de la Grace :

La Suffisante auroit parbleu raté,

Si dans ta main n'eut été l'Efficace.

Fin.

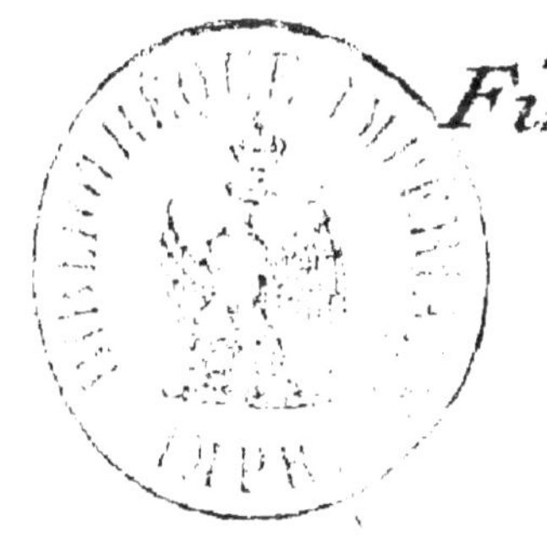

Hic Amor: huic concede faces ac tela, Cupido.

PREFACE

Si toujour un Livre en enfante un autre,
suivant les loix de la propagation
litteraire, le petit Recueil d'Epigrammes
intitulé la Legende Joyeuse en a du faire
attendre la suitte. On avoit pourtant resolu
de s'en tenir la, fondé sur la maxime
Italienne, Invogliar' il gusto, no satollare
Mais le choix de ces 101. Epigrammes
a plu a tant d'honnetes gens, qu'on n'a pas
crû devoir rester en si beau chemin, et voila,
comme il est dit quelque part,
Comme souvent icy bas tout s'enfile
Quelques lecteurs ont murmuré de retrouver
dans la Legende les Epigrammes de Rousseau,
qu'ils avoient deja dans ses œuvres : mais voulût
donner une suitte des meilleures Epigrammes en
ce genre, falloit-il ne pas commencer par celles

qui l'ont fait revivre, et qui sont devenues nos modeles ? On auroit encore desiré que chaque Epigramme eut eté timbrée du nom de l'auteur. C'est une curiosité pour certaines gens : mais combien d'autres indifferens sur cela ! Quelle difficulté d'ailleurs de demeler exactement les Auteurs originaux de ces petits ouvrages, dont on fait honneur quelque fois a quatre ou cinq mains differentes ! On a donc crû quil etoit mieux de n'indiquer personne, sauf a ceux qui sont jaloux de toutes leurs productions, a revendiquer ce quils jugeront a propos : sauf même a ceux qui volontiers se chargent de iniquitez d'autruy, a s'approprier tout ce quils trouveront a leur bienseance.

EPIGRAMME I.

Frere Thibault sejourné gros et gras

Tiroit de nuit une Garce en chemise

Par le treillis de sa chambre, ou les bras

Elle passa, puis la teste y a mise,

Puis tout le sein : Mais elle fut bien prise,

EPIGRAMMES

Car son fessier y passer ne sçut onc :

Par la mordieu, ce dit le moine, adonc

Il ne me chault de bras, tetin, ne teste

Passez le cul, ou vous retirez donc,

Je ne scaurois sans luy vous faire fête.

II

Un verd galant disoit à sa donzelle,

Souperons nous, ferons nous le déduit?

Le quel des deux il vous plaira, dit'elle,

Mais le soupé n'est pas encore cuit .

EPIGRAMMES

III

L'Epousé la premiere nuit

Rassuroit sa femme farouche :

Mordez moy, ditil, s'il vous cuit,

Voila mon doigt en vôtre bouche ;

Et apres qui l'eut deshoussée,

Or ca, dit il, tendre rousseé

Vous aisje fait du mal ainsy ?

A donc, repondit l'epousée,

Je ne vous ai pas mors aussy .

EPIGRAMME

IV.

Un Moine êtoit pres d'une Dame assis

Sur une foible et mal sûre escabelle,

Et ne sembloit pas estre homme rassis,

Tant il branloit devisant avec elle.

Que vous avez peu d'arrest, dit la belle !

Dame, dit'il, cela me soit permis ;

Car qui auroit entre vos jambes mis

Ce que j'y ai si ferme, je ne croy

Que cette erreur de vous ne fût commis

De remuer autant et plus que moy.

EPIGRAMMES

V

Un jour que Madame dormoit ,

Monsieur branloit sa chambriere ;

Et elle qui la dance aimoit

Remuoit bien fort le derriere ,

Enfin la Garce toute fiere

Luy dit, Monsieur, par vôtre foy,

Qui le fait mieux, Madame ou moi ?

C'est toy, dit'il, sans contredit :

Saint Jean, dit'elle, je le croy,

Car tout le monde me le dit ,

VI

Un jour d'hiver Robin tout eperdu

Vint a Catin pres enter sa requête

Pour degeler son chose morfondu

Qui ne pouvoit quasi lever la teste ;

Incontinent Catin fut toute prête,

Robin aussi prend courage et s'acroche

On se remue, on se joue, on se hoche,

Puis quand ce vient au naturel de voir,

Ha, dit Catin, le grand degele aproche:

Voire, dit il, car il s'en va pleuvoir.

EPIGRAMMES

VII.

Une Catin, sans fraper a la porte

Des Cordeliers, jusqu'en la cour entra :

Longtems aprés l'on attend quelle sorte

Mais au sortir on ne la rencontra.

Or au portier cecy l'on remontra ,

Lequel juroit jamais ne la voir vûe :

Sans arguer le pro ny le contra ,

A vôtre advis qu'est elle devenüe ?

VIII.

Martin etoit dedans un Bois taillis

Avec Alix, qui par bonne maniere

Dit a Martin, le long de ce palis.

T'a mie Alix d'amour te fait priere

Martin dit lors, s'il venoit par derriere

Quelque lourdeau ce seroit grand vergogne,

Du cul, dit'elle, on fera signe, arriere,

Passez chemin, laissez faire besogne.

EPIGRAMMES

IX

Pour un seul coup, sans y faire retour,

C'est proprement d'un malade le tour ;

Deux bonnes fois a son aize le faire,

C'est d'homme sain suffisant ordinaire ;

L'homme galant donne jusqu'a trois fois,

Quatre le moine et cinq aucunne fois :

Six et sept fois ce n'est point le metier

D'homme d'honneur, c'est pour un muletier ;

EPIGRAMMES

X

Un jeune amant pres sa dame soupoit,

Le nerf tendu, trop mieux que l'appetit :

Advint que comme elle du pain coupoit,

Dessus luy chût son coutelet petit,

Lequel cherchant sur luy elle sentit

Un bracquemard de plus rude allumelle,

Dont si soudain tira son bras, à elle

Que le mari luy prenant la main blanche

Luy dit, ma mie, il pique fort et tranche ;

Saignez vous point ? N'ayez peur, dit la belle ;

Non, mon ami, je l'ay pris par le manche.

EPIGRAMMES

XI.

Un jour Martin le serrurier

Baisoit Margot la vitriere,

Mais aprentif a ce metier

Il remuoit mal le derriere :

Alors Margot luy dit, fort bien

Pousse fort, pousse ne crain rien,

Mon Cul. Martin n'est pas de verre :

Tout beau, dit'il, sans s'échauffer

Le mien, Margot, n'est pas de fer.

EPIGRAMMES

XII

Lise dinant un jour avec sa mere

Chez leur voisin, un Andouille on servit

De belle taille; alors qu'elle la vit,

Ouais, dit Agnes, cette bête etrangere

Ne m'est connuë; or qu'est ce la, maman?

Pour Dieu veuillez contenter mon envie;

Cecy, ma fille, est Andouille, oh vraiment!

Je voudrois bien voir une Andouille en vie.

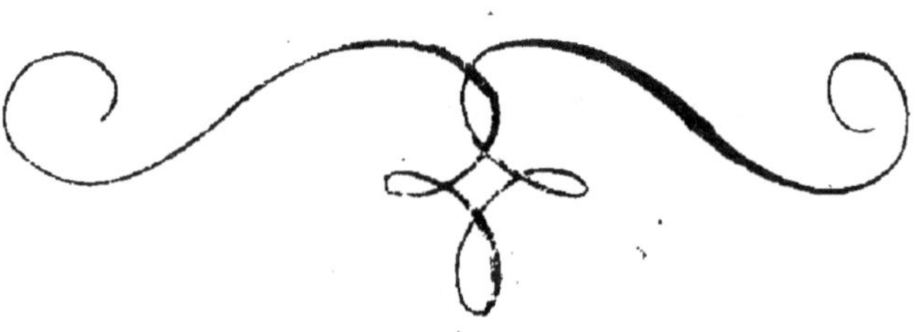

EPIGRAMMES

XIII

Deux dames, pres d'une riviere

Parloient d'amour et de son jeu ;

Il est bon, ce dit la premiere,

Mais le plaisir dure trop peu,

Et puis l'action ordinaire

Est si sale aprés la façon ...

Ma foy, répondit la derniere,

Court et vilain, mais il est bon.

EPIGRAMMES

XIV.

Le vieux Jacquet dans une etable

Voiant Lise joüer du cul ;

Avec un valet a gros rable

En va faire plainte au cocu :

Mais le cocu luy vint a dire

Mon Dieu, que l'on est medisant !

Si la femme veut un peu rire,

Chacun la va scandalisant .

Le bon veillard, quoique son âge

Dût l'exempter d'un tel soucy,

Ne pût se tenir d'avantage ,

EPIGRAMMES

Et son propos conclut ainsy :

Vôtre bonté passe les bornes,

Voisin, Vous n'avez point de sens ;

Car parbleu vous portez des cornes,

Si l'on f...t comme de mon tems

EPIGRAMMES

XV

Dans un verger Lubin avec Nicole,

Pour n'etre pris tandis qu'il l'exploitoit,

Contre un Pomier tout debout la bricolle,

Si que chaqu'un de son côté quêtoit.

Or dans le tems que plus il la pointoit,

Nicole pâme, et lors toute eperdüe

Dit a Lubin qui toujours rabottoit,

Guette tout seul, car j'ai perdu la vüe.

EPIGRAMMES

XVI.

Jean quatre mois aprés sa noce

se trouva pere, il sen facha :

Au beau pere il le reprocha,

Lequel luy dit, d'un fruit précôce

Ma femme ainsy me régala,

J'eusse fait du bruit plus que trente,

Mais par un bon Contract de rente

Mon beau pere me consola.

Ce même Contract le voila,

Il doit rester dans la famille ;

A votre gendre il conviendra,

Si vous mariez votre fille.

EPIGRAMMES

XVII.

Un couple amoureux s'exerçoit

Au jeu d'amour dans un bosquet,

Croyant n'avoir que les Dryades

Pour temoins de ses accolades,

Au plus fort du tremoussement,

Quelqu'un parut: ha, dit l'agent,

Fuyons : nenny, repond la belle,

Va ton train; mais on nous verra.

Eh qu'importe, repliqua telle!

Je ne connois point ces gens la.

EPIGRAMMES

XVIII

Au tems passé, n'avoit, à ce qu'on dit,
Femme au tetin ce rouge boutonnet,
Et Priapus qui etoit en credit
Oreilles eut sous son petit bonnet :
Mais quelque Dieu les lui coup a tout net,
Puis s'en forma la rotone gentille
Qui fait aller mainte superbe fille,
Sentant qu'elle a du mâle la dépouille ;
Et de là vient que tous les coups que fouille
Chez son amie un amoureux ardent,
Le bon galant fremit incontinent
De grand plaisir, et s'etend a merveilles ;
Comme disant, je prendray mes oreilles.

EPIGRAMMES

XIX

Jeune Blondine aimoit jeune garçon,

Mais un veillard l'acquit en hymenée

Pour ses écus, et par force menée

Au sacrement, elle eut longue leçon

Sur ses devoirs. Il faloit voir le presbe

La sermonner : Aimez bien vôtre maitre,

C'est a luy seul que vous joint l'éternel

Par un saint noeud, par un noeud solemnel

Un nœud divin, le plus grand nœud du monde.

Elle en pâlit, encor plus son galant,

Mais en sortant luy dit tout bas la blonde,

Console toi, ce n'est qu'un noeud coulant.

EPIGRAMMES

XX

Marc une béquille avoit

Faite en fourche et de maniere ,

Qu'à la fois elle trouvoit

L'œillet et la boutonniere :

D'une indulgence pleniere

Il crût devoir se munir ,

Et courut pour l'obtenir

Conter le cas au saint Pere ,

Qui repondit : Vierge Mere ,

Que ne suis je ainsi bati !

Vâ, mon fils, baise, prospere ,

Gaudeant bene nati .

XXI.

Janneton en la nuit premiere,

Son mari dessus elle êtant,

Remuoit des mieux le derriere,

Et puis disoit en s'ebattant ;

Mon doux ami que j'aime tant,

Fai je pas bien de cette sorte ?

Le mari lors qui se transporte,

Luy répond de courroux épris ;

Oui, mais que le grand diable emporte

Ceux qui vous en ont tant appris .

EPIGRAMMES

XXII

Un bernardin, montroit a soeur Annete

Je ne scay quoy gros comme un cervela.

A cet aspect, S.t Jean que vois je la ?

Montre-le encor , s'écria la Nonnete ,

Las! il est dur comme corne de Cerf.

Seroit ce un os, ou bien seroit ce un nerf ?

Dites moy donc ce que ce pouroit être.

Or devinez, ma soeur, reprit le traître

Qui cependant caressoit le teton ,

Et pour mieux voir, le voit et guimpe et voile.

Mais, dit la soeur, je ne sçais..ah! bon, bon ,

Oui c'est un os, car voicy de la moille .

EPIGRAMMES

XXIII.

Un jeune Abbé, derriere une pucelle
Au gent corsage, au tetin rondelet,
Sur ses thresors attachoit sa prunelle;
Et cependant dessous sa soutanelle
Je ne sçay quoy, de tems en tems levoit.
Or par derriere un Jes.. lorgnoit
Ce mouvement, et la main du vieux reistre
Vers le fessier de l'Abbé s'avancoit.
Que faites-vous, luy dit l'apprenty prêtre?
Tout doux, mon fils, répond le papelard,
Chacun ici trouve a se satisfaire:
Là devant toy je vois bien ton affaire,
Vâ ton chemin, je te prends pour ma part.

EPIGRAMMES

XXIV.

Un Cardinal citoyen de Florence

Ayant un jour appris qu'on accusoit

Son ecuier de charnelle accointance

Avec un page, et que l'on en causoit,

Le fit venir, et plein de véhemence,

Pour quoy, dit'il, faire ce peché la ?

Pour quoy ? dit l'autre, oh, oh, vôtre Eminence

Doit le sçavoir ? moy j'ignore cela ,

Dit l'homme saint, voyez quelle insolence !

Le drôle alors faisant la reverence ,

D'un ton naif reprit, con licenza

Signor, io sono di Fiorenza .

EPIGRAMMES
XXV.

Jean voioit sa chere moitié

Sur les confins de ce monde et de l'autre,

Gens pres du lit disoient leur pâte nôtre,

Femmes en pleurs défailloient de pitié,

On a besoin d'eau qui les réconforte,

Alison court dans la chambre d'auprés,

Pour en chercher. Jean suit, ferme la porte,

On les surprend: paix, Messieurs, helas, paix,

La douleur me trouble de sorte,

Que je ne sçai ce que je fais.

EPIGRAMMES

XXVI

Un Jouvenceau prenoit l'air au matin,

Dans un Jardin, et vit par avanture,

Sans estre vû, la petite Catin.

(C'etoit sa soeur) en lubrique posture,

Qui soulagoit les besoins de Nature,

Et pour cela (qui l'eut crû?) se servoit

Non de son Doigt, mais bien d'un gros navet.

Quand ce fût fait, s'esquiva la fillete,

Et le gaillard ramassa l'instrument;

Puis au logis revint tout justement

Comme au diner on rangeoit les serviettes;

Lui ne voyant placer que trois assiettes,

EPIGRAMMES

Au Pere alors il demanda pourquoy?

Le Pere dit: toy, ta soeur, avec moy

Sont trois; le compte aisément se peut faire,

Le Drôle alors, luy montrant le navet,

Excusez moy, je croiois qu'on devoit,

Repondit'il, une place au beau frere.

XXVII.

Un Conseiller las de voir chez sa belle

Certain plumet qui la suivoit par tout,

Luy dit Madame, eh. ce plumet me f..t:

Oh je le crois, Il me f..t bien, ditelle.

EPIGRAMMES

XXVIII.

Au rendez vous une verte femelle
Croyant trouver son Gars, La Signora
Six amoureux, au lieu d'un rencontra.
On me trahit comment faire? dit elle,
Je ne comptois m'arreter qu'un moment,
Ne pensant pas trouver tant de besogne:
Ça donc, Messieurs, s'écria la Carogne,
Dépêchez vous, Car mon mari m'attend.

EPIGRAMMES

XXIX

Quand de la chair le fougueux aiguillon

Se revoltant veut forcer sa prison,

Que faites vous, demandoit certain frere

A son Prieur? je me mets en priere,

Repondit il; moy je me jette a l'eau,

Dit un Beat: Moy, dit un Jouvanceau,

Parbleu, Messieurs, pour une bagatelle

Je n'y scai pas chercher tant de façon,

Je vais au but, et pour toute raison

Au malin corps fait sauter la cervelle.

EPIGRAMMES

XXX.

J'interrogeois un moine a barbe grise,

Et lui disois, pour quoi l'oeuvre de chair

Plait'elle au sexe avec les gens d'Eglise

Mieux qu'avec nous? he, de par Lucifer,

Dit le paillard, il n'est rien de plus clair;

Voiez vous pas que ces races maudites

Toujours au cul brulent du feu d'enfer,

Et que pour ce leur faut couilles benites.

EPIGRAMMES

XXXI.

Certain novice auprès d'un L.... te
Se confessoit d'estre entiché d'orgueil,
Et cependant le negre sodomite
Au Jouvenceau faisant joyeux accueil,
Brûloit tout vif en son sacré fauteuil :
Tant qu'à la fin, sous l'ardente goutiere
Aprochant vite une des mains du frere,
Et l'inondant, tien, dit l'humble profés,
Regarde, enfant d'orgueil et de misere,
Ex quo luto nascuntur homines.

EPIGRAMMES

XXXII

Madame Alix veuve sur le retour,

Partant dévote, emploioit chaque jour

Une heure ou deux, sur son bidet assise,

A netoyer le vieux palais d'Amour :

De tous ces soins vraiment je suis surprise,

Luy dit sa sœur, attendez vous chalant,

Chercheriez vous avanture nouvelle ?

Qui ? Moy ? ma sœur, Moy penser a galant ?

A Dieu ne plaise helas... mais, luy dit'elle,

Ne peut'on pas trouver un insolent ?

EPIGRAMMES

XXXIII

Un sous fermier, sur la scene lyrique

Vit fretiller en habit dramatique

Une Laïs dont le minois luy plût :

Combien, dit il, pour ne me pas sur faire,

Me coutera le bonheur de vous plaire ?

A cent louis le marché se conclut.

L'or délivré la Nimphe tint parole,

Mais a l'aspect de l'énorme rigole,

En se signant, le ribaud recula ;

Par St Christophe, ou me fourrois je la ?

Sus rendez moy ... bon, dit la reprouvée,

EPIGRAMMES

Vous vous mocquez, instruisez vous des us

Lorsque la toille est une fois levée ;

Mon bon amy, l'Argent ne se rend plus.

XXXIV.

La larme à l'œil, le repentir dans l'Ame,

Jean s'accusoit au bon Pere Remy ,

Que d'un Ministre il bricoloit la femme :

Console toy, luy dit il, mon amy.

Si c'eut été femme d'un Catholique,

Tu n'aurois eû d'absolvo, ny demi ;

Mais puis que c'est femme d'un herétique,

Va, c'est autant de pris sur l'ennemi.

EPIGRAMMES

XXXV

Un bucheron fendant du bois,

Ne se donnoit point de relache,

Et faisoit han a chaque fois

Quil détachoit un coup de hache.

Sa femme craignant quelque entorse,

Dit, a quoy bon han si souvent?

Han, dit-il, augmente la force,

Et le coup entre plus avant.

La nuit le bon homme joyeux

Se mit a besogner sa femme :

Mon amy, dit la bonne lame,

EPIGRAMMES

Faites han, il entrera mieux .

Oh non, reprit il sans attendre,

Ce seroit han, et tems perdu :

Mon dessein n'est pas de le fendre,

Car tu ne l'as que trop fendu .

XXXVI.

Oui c'est, mon fils, pour pisser seulement

Que Dieu nous fit ces manieres d'andouilles,

Disoit un Carme a certain innocent

Qui repondit aussitôt, et les C   illes?

EPIGRAMMES

XXXVII.

Le desservant d'un couvent de Cypris,
Se confessant de mainte gaillardise,
Entre autres cas de son joyeux devis
Celui contoit au saint homme d'Eglise :
J'ai, disoit il, exigé le Gratis
Plus d'une fois, des Nymphes de Cythere ;
Ce mo[i]ne-ine est aussitôt repris
Avec chaleur. Comment dit le bon Pere,
Des ouvriers retenir le salaire ?
Si ne paiez par avance, mon fils,
A l'avenir vous deffends de le faire.

EPIGRAMMES

XXXVIII.

Lucas allant faire un voyage,

Laissa son Epouse a Paris :

Elle usant des droits du veuvage,

Pour un, retrouva dix maris .

A son retour, en homme sage,

Lucas, loin de faire tapage,

Comme tant d'epoux convaincus

Par leur faute de Cocuage,

Dit, l'exploitant d'un grand courage,

Ah! que je fais la de Cocus !

EPIGRAMMES

XXXIX

Un Cavalier a l'objet de ses feux

Disoit, au fort de son tendre délire,

Pour redoubler nos transpors amoureux,

De ces doux noms que le plaisir inspire.

Il faut, ma Reine, il faut nous appeller

Ingrat, luy dit languissament Themire,

Te reste t'il la force de parler?

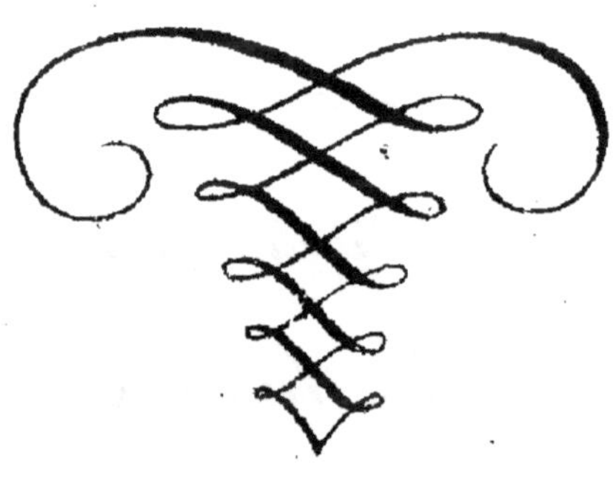

EPIGRAMMES

XL

D'un mal subit la Rambure pressée

En diligence apella son Curé :

L'homme de bien, quand il l'eut confessée,

Lui dit, le Ciel vous est tout assuré,

Vous joüirez dans ce port desiré

Du vrai bonheur que le Seigneur octroye

A ses elus, pourvû qu'à cette joye

Sacrifiez la chair et son plaisir :

C'est le chemin que vous avez a suivre,

Qu'en cet etât il est doux de mourir !

Oui, mais, Monsieur, qu'il est rude d'y vivre !

EPIGRAMMES

XLI.

Daignez m'ouvrir le vase de nature,

Disoit à Lise un des Peres Cornus;

A vous, dit elle, a vous, Philotanus ?

C'est se moquer, on connoit vôtre allure,

Onc ce sentier par vous ne fut battu ;

Pardonnés moy, reprit le bon apostre,

J'ai quelque fois, tout comme un autre,

Des intervalles de vertu.

EPIGRAMMES

XLII.

En certain cabaret Normand

Servoit gentille jouvencelle ,

Un Gars, pour cet habillement

Qui paire de manches s'apelle ,

Traita des faveurs de la belle .

Apres qu'eut cueilli le bouquet ,

Ailleurs veut planter le piquet ,

Trouvant fesses fermes et blanches :

Tout beau, dit elle, s'il vous plait ,

C'est une autre paire de manches .

EPIGRAMMES

XLIII.

Pere Macaire en un coin instruisoit

En l'embrassant fille simple et gentille,

Mais cependant qu'il la catechisoit

Ce que sçavez, croissoit sous sa mandille.

Que sens je la, Pere, lui dit la fille,

Après avoir son pater achevé ?

Je ne sçai quoi la dessous s'est levé

Qui me repousse ; ah ! dit Pere Macaire,

Serrez le bien, et dites votre ave,

De St. Francois c'est le grand reliquaire.

XLIV.

L'autre jour prénant à Goton

Le... quoy? mot trop court pour la chose,

Elle me dit: ça, mon garcon,

Si par une metamorphose,

Il plaisoit au Seigneur Jupin,

De ce vuide là Faire un plein,

De tes plaisirs fermer la source,

Aurois tu pour moy même ardeur?

Oui, luy disje, mon petit Cœur,

J'aurois encore une ressource.

EPIGRAMMES

XLV

Un passant tout deguenillé
Gueusoit d'une maniere immonde ;
Il etoit si mal habillé,
Qu'il scandalisoit tout le monde :
Le Drôle le faisoit exprés,
Et s'agobergeoit en luy mesme :
Mais on mit les archers aprés,
Tant l'impudence étoit extrème :
Voila les temoins assignez,
Tous les hommes le reconnurent,
Et sur ses traits bien designez
Hautement contre luy conclurent :

EPIGRAMMES

Les femmes furent son apuy,

Car toutes dans leur temoignage

Dirent, je ne scay si c'est luy,

Jen'ay pas pris garde au visage.

XLVI.

Le bon Robin qui se mit en menage

L'avoit petit, las! que cetoit pitié;

Et par malheur celuy de sa moitié

Avoit souffert de maint pelerinage;

Robin baillant le signe d'amitié,

Du premier coup trop aisement enguaine,

S'en plaint; Catin dit, qu'à ce la ne tienne,

Va, mon ami, j'en loüeray la moitié.

EPIGRAMMES

XLVII.

En plein senat la mere Pelagie

Réprimandoit la soeur du St Esprit,

Et tout a coup semettant en furie,

A l'assemblée hautement elle dit,

De ses dix Doigts depuis qu'elle est novice

Elle n'a fait œuvre aucune.... St Jean,

Interrompit la sœur, quelle injustice!

Si vos dix Doigts en avoient fait autant,

J'a vous n'auriez, comme avez, la jaunisse.

EPIGRAMMES

XLVIII

Un bon marchand prit pour femme une veuve,

Veuve gentille et de bon appetit :

Or desirant le soir luy donner preuve

De son amour, il fut tout etourdi :

O ciel ! dit il, O quelle chose etrange !

Mais... on diroit une porte de grange .

La veuve alors luy repondit, mon Dieu ,

Pour plaire atous faut estre bien habile :

Feu mon Mary, quand il hantoit ce lieu ,

Trouvoit toujours la route difficile .

EPIGRAMMES

XLIX

Comment, disoit Alix a son rentier,

Vous autres gens, toujours l'Ame troublée,

Pouvez vous donc ainsi le jour entier

Tant travaillier, et telle rateleé

De beaux Enfans, ainsy vous amasser?

Pour vous refaire, et pour vous délasser,

N'avez le soir des mets a suffisance;

Ja ne pouvez si bien faire le cas.

Oh que ce la ne vous etonne pas,

Dit le manan, ça nous sert de pitance.

EPIGRAMMES

L

De la Fillon une eleve madrée,
De beaux habits tout de neuf accoutrée
Chemin faisant, trouve une de ces soeurs,
La de ces soeurs.. Ce mot s'entend de reste,
Qui la voyant si contente et si leste
Dit, est ce la le prix de tes faveurs ?
Hé vraiment oui, je suis entretenue.
Et par qui donc ? Par un J.... cien,
Un gros bonet qui b...dant comme un chien
Incessament en eût perdû la vûe :
Mais des Gitons pour quelque tems sevré,
On a jugé qu'il etoit necessaire
Que le malade a mes soins fut livré,
Et qu'on le mit au C...n, pour le refaire.

EPIGRAMMES

LIII.

Au Comissaire un jour certaine Aminte,
En hâte, fut porter ainsy sa plainte :
Ah! Monseigneur, dit elle avec douleur,
Prenez pitié de mon malheur extreme,
J'implore icy vôtre pouvoir suprême
Jean contre un mur vient d'arracher ma fleur.
Comment cela, dit il, s'est il pût faire ?
Le ravisseur est plus petit que vous.
Las! il est vray, repondit la commere,
Mais, Monseigneur, je pliois les genoux.

EPIGRAMMES

LII

Masqué dans un bal en un coin
Prés d'une belle, un petit maître
Jasoit, pour se faire connôitre,
Et poussoit le discours bien loin,
Quel est vôtre nom, luy dit'elle ?
Il est de six lettres, ma belle,
Repond t il, entranchant le mot.
Elle, pour sevanger du sot,
Vraiment, repliqu'a t elle, j'aime
Votre franchise, et je conçois
Quil faut, Monsieur, qu'en bon françois
Jean soit votre nom de Batême.

EPIGRAMMES

LIII

A bien aulner le gros Jean maladroit
A sa Catin, promit grande mésure,
Gageant qu'auroit douze pouces de Roy,
Et que six coups de suitte, sans rature,
Sans débrider en un jour luy feroit.
Jean pris au mot, Voyons, dit la drôlesse,
Quelle grandeur; gros belitre, vien çà.
L'outil aulné, Catin onze trouva,
Dont la Ribaude etoit fort en detresse.
Vois tu ce poil ? vois tu ce Joyaux la,
Se recrioit le grossier personnage?
J'allons, dit il, faire bonne Maison.
En da, reprit Catin, c'est bien raison
De s'ebaudir, quand on perd sur l'aulnage.

EPIGRAMMES

LIV

Avec un bon V.. long d'une Aulne,

Et dont la mine ragoutoit

Le Capucin Blaise F... toit

Une venerable Matronne :

Mais par respect nôtre vieux Faune

N'osoit luy mettre Jusquau bout .

Par lamorbleu mettez le tout,

Dit'elle au pudibond Priape,

Un bon V.. d'ane, quand il F... t

Fait plus d'honneur qu'un V.. de Pape.

EPIGRAMMES

LV

Un Jacobin des plus officieux

Sur ses genoux chatouilloit une Abesse,

Et tôt après le bon religieux

En pamoison fit tomber la prêtresse:

Puis profitant du moment de foiblesse,

Il luy glissa son fringant eguillon.

Tirez cecy par Saint Hilarion,

Dit la nonain: A quoy le bon Apôtre

Luy repartit, point tant d'émotion,

Prenez toujours, Ce doigt cy vaut bien l'autre.

EPIGRAMMES

LVI

Au sortir de se Confesser,

Catin se laissa bricoller

Par le bon Pere Jeremie,

Et le contant a son Amie,

Fy! dit elle: Eh, reprit Catin,

Il faut bien aider son prochain.

Oui, repond l'autre Creature;

Mais lors que c'est un Capucin,

C'est un peché contre nature.

EPIGRAMMES

LVII

Guillot prenant pour Epouse Perrete,

Sa Mere dit, a ne vous point mentir,

Pucelle ou non soit elle la fillete,

Je ne pretends untel point garantir:

Mieux ferez vous de la prendre pour Veuve,

Veuve qui sçait plus d'un tour du metier;

Nenny, Jesuis, dit Perrete, bien neuve:

Je sors, Maman, des mains de l'ouvrier

EPIGRAMMES

LVIII

En ce saint jour, jour heureux et funebre,
Qui fait jeuner l'Enfant presque au Téton,
Le Carme mesme, et jusques au Breton,
Mere Benigne en allant a Tenebre,
Avec un frere apperçut Sœur Marton ;
Bon Dieu, dit elle, aucun jour on n'excepte,
Pour deux au moins rompez toute union
La None alors qui n'etoit pas inepte,
Luy répondit par ce docte precepte,
Liquidum non frangit jejunium.

EPIGRAMMES

LIX

Un Jeune Gars entre deux Jouvencelles
Se'baudissoit prés d'un profond ruisseau,
Quand tout a coup a l'une des Femelles
Le pied manquant, elle tomba dans l'eau,
L'Amant touché, craignant pour Isabeau,
Plonge aussitot, et ramene la belle
Pendue aprés sa Joyeuse Allumelle:
Bien rencontré, l'Egrillarde a raison,
S'ecrie à lors sa compagne fidelle,
Car tel Joyau ne va jamais au fond.

EPIGRAMMES

LX.

Un jour Robin vint Margot empoigner,

En luy montrant l'outil de son menage,

Et sur le champ la voulut besogner :

Mais Margot dit, vous me feriez outrage;

Il est trop gros, et long a l'aventage.

Bien, dit Robin, tout en vôtre fendasse

Je ne mettrai, Puis soudain il y porte :

Ah dit Margot, en faisant la Grimace,

Mettez y tout, aussi bien je suis Morte.

LXI.

Annete êtoit dans sa chambre cachée

Qui se faisoit etouper son pertuis,

Survint un tiers, le quel a travers l'huis,

Par le Ribaud vit la belle embrochée,

Et puis entra la besogne achevée,

Notez qu'a lors Annete etoit en feu

Par quoy luy dit, d'ou vous est arrivée

Rougeur si grande, et comment, a quel jeu?

Toujours ainsy, répartit la discrette,

Rougeur m'a vient, quand mon caffé j'ai pris.

Caffé dit l'autre, O merveille sans prix?

Qui nous eut crû, cette vertu secrette?

EPIGRAMMES

Il n'est besoin d'aller jusqu'au Levant

Chercher Caffé, douce en sera la traite,

Puisqu'il nous croit a tous par le devant.

LXII

Au Dieu d'Amour une Pucelle

Offroit un jour une chandelle,

Pour en obtenir un Amant :

Le Dieu sourit a sa demande,

Et luy dit, belle, en attendant,

Servez vous toujours de l'offrande.

EPIGRAMMES

LXIII

Pour amortir sa trop vive chaleur,

Certain Genois, ne trouvant que sa chate

Luy fut cedont, la bête fut ingratte,

Car tout a coup se mettant en fureur,

Elle rendit le sire, un Origene;

Pour un Genois ce n'est petite peine

Le nôtre donc, au desespoir reduit,

Prit un cordeau, s'accrocha sependit;

Sa femme accourt, aux pleurs lachant la bonde;

Mais sa servante examinant de prés,

Consolez vous, et Dieu luy fasse paix,

Il n'etoit plus propre a rien dans ce monde.

EPIGRAMMES

LXIV

Un Garcon le fit et refit

A jeune fille, en sébattant,

Et puis aprés la satisfit

D'un bel Ecu d'or tout complant :

Monsieur, je n'en merite tant,

Dit la fillette, c'est beaucoup ;

Faites le donc encore un coup,

Pour le surplus de vôtre Argent

EPIGRAMMES

LXII.

Un Huguenot ayant sa bible en main,
Bible suivant le rite de Calvin,
D'ou sont otez les Machabées,
Trouva fillete en son chemin,
Puis dans des routes dérobées.
Vous l'egarra: Creux etoit le terrain,
Et par trop bas, a donc pour la manœuvre
A ce deffaut le livre est mis en œuvre
Il y manquoit un Doigt, un Doigt de plus
Eut fait merveille, et rendu tout possible.
Diable, dit'il, de Calvin! quel abus
De nous avoir ainsy tronqué la Bible

EPIGRAMMES

LXVI.

Jean s'amusoit a chauffer le foyer
Demainte femme avec la difference,
Que d'une Ieune il n'exigeoit finance,
Vieille au rebour devoit le soudoyer,
Dont riche etoit; Or puis je en conscience
Pere, dit'il, posseder un tel bien ?
Restituez, dit l'autre. Et le moyen ?
  Allez de famille en famille
  Ce que chaque mere a soldé
  Rendez le comptant ala fille,
  Pour le prix qu'il vous a coûté

EPIGRAMMES

LXVII.

Que d'un baiser ton Epouse j'accolle,

Disoit Damon a René son vassal,

Et ta revanche a mon jour nuptial :

Soit, dit René, mais de vôtre parole

Souvenez vous. Le suivant Carnaval

Damon s'enrolle, et prend femme gentille,

Tout au milieu de la noble famille

Entre René qui somme le seigneur

De sa promesse : il baise alors la Dame,

On y consent. si j'eusse crû, Monsieur,

Que vous fussiez, dit il, si bon payeur,

Je vous l'aurois laissé faire a ma femme.

EPIGRAMMES

LXVIII.

Qui veut se pendre, il n'a qu'a se hâter,

Crioit Jadis un Grec a l'assistence,

A vos plaisirs je ne veux rien gâter,

Si me faut il abàtre une potence

Ou plût au Ciel que fut l'humaine engeance :

Pour faits plus doux moi je bats du tembour,

Or écoutéz beau sexe d'alentour,

De par Venus je fais sçavoir que l'âge.

Mêt bas dans peu mon beau lingot d'Amour,

Se hâte donc qui veut en faire usage

EPIGRAMMES

LXIX

Belise prête a faire un long voyage

Ou je devois accompagner ses pas,

Me dit, Monsieur, faisons un bon repas,

Mangeons dabord un succulant pôtage,

Puis des Perdrix, car pour moy, quand je sors,

Et quelque tems je demeure dehors,

J'aime un morceau qui long tems tienne au ventre.

Eh bien, prenez du F.. disje alors :

C'est un ragôut qui tient neuf mois au Corps,

Et qui de plus en sort plus gros qu'il n'entre.

EPIGRAMMES

LXX

Jean et Paul ayant fait ripaille
Voulurent tenter le hazard,
Et tirer a la courte paille,
Le quel des deux etoit Cornard.
Jean tire, et prend la plus petite :
De quoy paroissant tout faché,
Il se debat, peste, et s'irrite
Et soutient que Paul a triché,
Sa femme qui craint la querelle,
Voyant son mari tout en Feu,
Ne disputez point, luy dit elle,
Mon Cœur, vous l'êtes de bon Jeu.

EPIGRAMMES

LXXI.

Frere Lubin Cordelier, que sans verd
On ne prit onc, par un beau jour d'hiver
Joignit au champs Soeur Alix la Tourriere :
De Neige un pied tombé pendant la nuit
Faisoit obstacle a l'amoureux déduit :
Là nul abri, soit Arbre, soit chaumiere,
    Pas le moindre petit reduit.
Lubin pressé du mal qui ne s'allege
Qu'en s'accouplant, jette Alix sur la Neige :
A donc tous deux etroitement liez,
Malgré le froid quatre coups il la baise ;
Eh bien, dit'il, Alix, es tu bien aise ?
Oui par le C... mais jay grand froid aux Pieds.

EPIGRAMMES

LXXII.

Couchée auprés de mon Amant,
Au quatrieme embrassement
Toujours Campée a la renverse,
Je m'endors assez promptement:
Un reve vient a la traverse,
Je crois tenir un gros Serpent
Qui d'abord engourdi, rempant,
S'enfle dans ma Main et s'allonge
De prés d'un pied, l'heureux mensonge!
Je m'éveille dans le moment,
Croyant bien que J'étois perdüe :
Je tenois effectivement
Celuy dont Eve fut mordüe .

EPIGRAMMES

LXXIII.

En voyageant dans l'Isle de Cythere
Deux Pelerins en leur verte saison
Au Dieu d'Amour disoient mainte Oraison,
Quand a leurs yeux s'offrit une grand-mere
Qui chez Cypris avoit eu quelque nom :
Ça, dit l'un d'eux, deguâinant l'alumelle,
Gageons un peu qu'à cette haridelle
Je pousse encor la botte autant de fois
Qu'elle a de Dents. On n'en trouve que trois,
Et l'escrimeur dont la lame étoit sûre
Fournit le compte, et gagne la gagûre.

EPIGRAMMES

Il s'en alloit, quand l'arrêtant d'un mot,

Mon bon Monsieur, dit la vieille Harpie,

Vous avez fait sur mon Corps œuvre pie,

Mais dans le coin il me reste un chicot.

LXXIV.

L'autre jour la jeune Carite

Fit mon decompte ingenuement :

Le premier va trop promptement,

Le second trop tard ny trop vite,

Le troisieme trop lentement,

LXXV.

Un jeune Clerc trouvant a l'aisement

De son brutal la moitié jeune et belle,

Ferma la porte, et saisit le moment

Pour l'enfiler : la Dame peu cruelle

Du pauvre Clerc fit un heureux Amant.

Le Procureur arrive sur le champ,

Il veut ouvrir, il ne peut, il s'emporte ;

Peu s'en fallût qu'il n'en fonçât la porte,

Ouvrez, dit-il, quiconque est la dedans.

J'y suis, Monsieur, mais seroit-il honneste

Répond le Clerc, d'ouvrir en pareil tems.

Eh qu'est ce cy ? Pensez vous, sotte bête

EPIGRAMMES

Que je sois fait pour attendre dix ans ?

Puis n'est il pas enfin deux trous ceans ?

Bien il est vrai : mais, dit l'autre a sa dupe,

L'un est merdeux, et l'autre je l'occupe.

LXXVI.

Un gros Abbé se laissoit en sa couche

Tâter l'anchois par jeunette Nonain,

Mais son outil demeuroit dans sa main

Sans se roidir, tout ainsy qu'une souche.

Or la Nonain qui n'avoit point de treve,

Voiant le V.. demeurer ainsy plât,

Luy dit, Monsieur, dites Magnificat,

Quand on le dit tout le monde se leve.

EPIGRAMMES

LXXVII

Sortant de Sainte Elizabeth,

Au plus dans sa quinzieme année,

On mit la gentille Babet

Entre les bras de l'Himenée.

Son Mary la menagea bien,

Puis s'endormit selon la regle :

Voiant qu'on ne luy disoit rien,

Que fait nôtre innocente Espiegle ?

Furtivement avec la Main

Sur le chevet elle tatonne,

Et par tout le Lit, mais en vain.

EPIGRAMMES

Il se réveille eh bien mignone,
Que veux tu, que cherche tu la ?
Allons, ne fais point la bégueule.
Eh, mon Cœur, Je cherchois ce la,
Pour le faire aller toute seule.

LXXVIII

Que craignez vous, disoit un L . . . ste,
A certain Gars qu'il suivoit a la piste,
Quoy le peché, vous fait il tant de peur !
Non, dit le Gars, Pere, c'est la douleur.

EPIGRAMMES

LXXIX

Chez des Juives un paillard moine .

Prenoit sa recréation ,

Sur quoy certain grave Chanoine

Luy disoit par compassion :

Amy, vous Courrez risque d'estre

Brulé comme un Porc vif ou mort ;

Nenny, par Dieu, Repond le Pretre,

Car je les baptise d'abord .

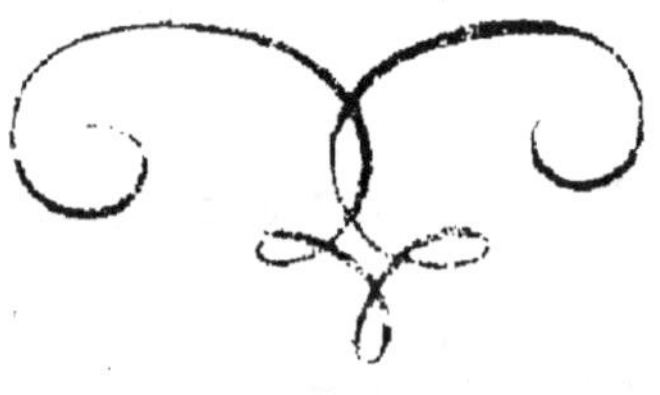

EPIGRAMMES

LXXX.

Dans le parloir de Sainte Madelaine

Alix voulant un Pater consulter,

Est ce péché, dit la None incertaine,

Quand le nombril démange, dy grater?

Péché, vraiment. Corps ne sont que souillures,

Ne faut sur soi porter des mains impures.

Lors se levant et troussant ses habits,

Gratez moy donc, dit la None au Pere Ange,

Vous Pere en Dieu dont les Doigt sont benits,

Mais gratez fort, car bien fort me démange.

EPIGRAMMES

LXXXI

L'autre jour de ma Janneton

J'allois caressant le teton,

Et secouant un peu la crotte:

Mais de luy donner une Cotte,

Elle m'importunoit toujours.

Enfin je luy dis, mes amours,

Qu'avez vous fait de la derniere?

Je vois qu'il vous en faut souvent:

C'est, me dit elle en se levant,

Que je les use par derriere,

Et vous les usez par devant.

EPIGRAMMES

LXXXII

Colin a beaux deniers comptans
Corrompit une Chambriere,
Qui d'entre celles de son tems
Remuoit le mieux le derriere :
Elle, pour dépecher matiere,
Laissant apart tout entregent,
Et remuant de la croupiere,
Montroit les tours de son Corps gent;
Alors jurant comme un Sergent,
Colin luy dit tout en colere,
Tu as le Cul bien diligent,
Mais puis que ta chair est si chere,
Menageons au moins notre Argent.

EPIGRAMMES

LXXXIII

Un bon Vieillard qui n'avoit que le Bec,

Se trouvant court prés d'une belle Dame,

Du desir prou, mais de ce la tout sec,

Ne suis je pas, disoit il, bien infame ?

Pour tout discours luy chante cette gâme;

Il tâte, il monte assez pour lécacher

Plus de cent fois, et ne peut delâcher;

Dont semocquant, dit la Dame fachée,

L'esprit est prompt, mais infirme est lachair,

Nôtre Curé souvent m'en a prechée.

EPIGRAMMES

LXXXIV.

Le jour qu'André se maria,

Et qu'il eût toute nuit fait rage,

Sa femme au matin mepria

Du reste de son Pucelage.

Je la fourbis de grand courage,

Cent fois savourant ses beaux yeux;

Puis me dit d'un ris gratieux

Amy, ce que je viens de faire,

N'est que pour scavoir qui vaut mieux,

Le Mariage ou l'adultere.

EPIGRAMMES
LXXXV.

Comme souvent tout s'enfile ici bas :

Des Bernardins pasturoient en lieu gras,

Prés de leur clos vivoient des Bernardines ;

Peignez vous bien chaque chose en son rang.

Un bel Etang nourrissoit les Beguines,

Une Haye vive entouroit cet Etang,

Sur cette Haye etoit des Cantharides,

En l'air un vent qui les souffle dans l'eau,

Dans l'eau nageoient des Grenouilles avides,

Par qui l'essain fut croqué bien et beau,

Grenouille aprés servit au refectoire,

D'où s'en suivit l'esclandre qu'on peut croire.

EPIGRAMMES

Un feu sur vint et rien moins que divin;

Grand carrillon, si qu'au bruit du tocsin.

Vinrent non pas les pompes de la ville,

Mais celles la du benoit Bernardin ;

Comme souvent icy bas tout s'enfile !

LXXXVI.

Jeanne cajolant ma franchise,

Discourt des humeurs de chacun,

Et branchant de la bien aprise

Fait deux morceaux d'une Cerise,

Mais d'un V... elle n'en fait qu'un.

EPIGRAMMES

LXXXVII.

Un gros maçon Ribault, s'il en fut onc,
S'ont travail fait, en soi sentit nature
Recalcitrer : Retournant chez luy donc,
Pour s'egayer il prenoit la mesure
De son tribard : En badinant il vit
Escarmoucher une plaisante Rousse
Qui le flairant, aus sitôt l'assaillit.
Bon soir, Amy, veux tu que je te pousse
A faire un coup, dit'elle en l'abordant?
Que donne tu deux sols, dit le manant,
Deux sols sans plus, c'est mon prix Miserable!
Met les trois sols? trois sols? non pas, au Diable...
Dépeche, allons, c'est pour l'amour de Dieu.

EPIGRAMMES

LXXXVIII.

La Châtre aimoit Ninon Lenclos,

Et voila son Cœur en allarmes,

Quand il fallut quitter Paphos

Et courir promptement aux Armes:

Il luy demanda son billet,

Comme elle luy seroit fidelle;

Aussitôt dit, aussitôt fait.

Il part fort content de la belle;

Avint que dès le même soir

Un beau fils, jeune, plein d'audace,

D'amour eprouvant le pouvoir,

Plût et de l'absent prit la place.

EPIGRAMMES

Tandis que l'Amant l'amusoit
Par un travail opiniatre,

A voix coupée, elle disoit :

Ah ! Le bon billet qu'a la Chatre !

LXXXIX

Mettez les Pieds en dehors est-ce ainsy ?

Bon, dit Péccourt, fort bien, Mademoiselle.

Bien l'instruisoit, bientot la Jouvencelle,

Mit en dehors,.. quoy, les genoux aussi ?

EPIGRAMMES

LXXXX

La tendre Celimene emüe

Par les discours d'un jeune Amant

Qui flattoit son temperament,

Venoit enfin d'estre vaincüe ;

Du premier trouble revenüe,

Et se resouvenant d'abord

Quelle s'etoit mal deffendüe,

Quelle avoit fait trop peu d'effort,

Elle luy dit, baissant la vüe,

Et recouvrant sa Gorge nue,

Ah mon Dieu, que vous estes fort !

EPIGRAMMES

LXXXXI.

Sous figure d'heureux presage,
Riom bien partagé dailleurs
Avoit grande part aux faveurs
D'une Dame de haut Parage :
Il en obtint un Regiment.
Suivi d'un cortege de Prince,
Le voila qui court la province,
Et vâ dans son gouvernement.
Un Gascon doucement l'aborde
Luy disant, ne pouroit'on pas
Voir ce qui fait tant de fracas?
Tres volontiers je vous l'accorde,

EPIGRAMMES

Le cousis luy repond soudain,
Tout est bonheur dans cette Vie :

Voyez un peu, je vous en prie,
Avec le quel je meurs de faim ?

LXXXXII.

Une Vieille, partant Vilaine
Mottes a brûler marchandoit
D'un porte faix, et prétendoit
En avoir treize a la douzaine ....
Eh quel F.. tu compte estce la .,
S'écria jurant Maitre Etienne ?
Va, vilaine, brûle la tienne,
Elle n'est bonne qu'a cela .

LXXXXIII

Dame Gertrude avoit un fils unique,
Beau, fait autour, jeune Epoux de Catin
Plus jeune encor, que du soir au matin
Tant caressa qu'il en devint Etique.
De peur de pis, Gertrude sépara
Le tendre couple: en vain Catin pleura,
Malgré ses pleurs, il fallut que la belle
Trois mois entiers coucha seule al'écart.
Dans cette angoisse, avint que par hazard
A sa fenêtre un jour la Jouvencelle,
Contre le mur, sur un toit fait exprés,
Vit des sereins qui dans une Voliere

EPIGRAMMES

Faisoient l'amour : Ah! dit elle, pauvrets,

Que vos plaisirs, que vos jeux sont doux! mais

Depechez vous, j'entends ma belle mere.

LXXXXIV.

Venus manioit près de Mars

Son Casque, sa Pique, et ses Dards,

Armes de déffence et d'attaque :

En voicy, luy cria soudain

Le petulant Dieu de Lampsaque,

De plus propres pour vôtre Main,

EPIGRAMMES

LXXXXV.

On nous rebat que la Concupiscence

N'eut pas eû part au deux accouplement,

Si respectant la divine déffence,

Le premier homme eut eté moin gourmand;

Mais que chacun dans l'état d'innocence,

Eut engendré sans charnel mouvement,

S'il est ainsy, la faute Originelle

N'a pas fait tort a la race mortelle;

Il nous revient même un grand bien par la;

Et quand je pense au plaisir qu'on y gagne,

Je loüe Adam, je benis sa Compagne,

Et je rends grace au Serpent qui parla.

EPIGRAMMES
LXXXXVI

Certain Curé rencontrant son vicaire,

Grand debauché qui courtisoit Cataut

Un jour de fête : ah! dit il encolere,

En ce Saint jour paroitre aussi ribaud?

Tu m'as promis, qu'au moins, quand seroit fête,

Tu t'abstiendrois... je fais, dit le Coquin,

Ce qu'ay promis, car n'est le tête a tête

Pour aujourd'huy : j'ai remis a demain

EPIGRAMMES

LXXXXVII

Un vieux P... at sa mignone baisoit,

Et la baisant tendrement lui disoit:

Dans ce baiser plein d'ardeur et de flame.

Reçoi, Lison, reçoi toute mon ame.

L'autre repond, garde ce don pour toi,

Il ne me chault de si leger partage:

Mais s'il se peut, cher Bedon, donne moi

De l'ame moins, et du corps davantage.

EPIGRAMMES

LXXXXVIII

Pourquoy, disoit Janot à Perronelle,

Ayant au cas plus de plaisir que nous,

Faut il pourtant que courions après vous ?

Ce n'est justice. Ouyda, Jean de Nivelle,

Faudroit-il pas vous prier au rebours ?

    Eh ! pauvres Diables que vous êtes !

    Pour nous, nous sommes toujours prêtes,

    Mais vous ne l'êtes pas toujours.

EPIGRAMMES

LXXXXIX

Monsieur s'en vint en masqué déguisé,
Sa femme prit, la jetta sur la couche,
Sans dire mot, & fut bien advisé
Du jeu d'amour lui donner une touche.
Quand il eut fait, soudain il se debouche
Dont fut connu, le voyant a la face :
Et puis lui dit, Madame, prou vous fasse,
Elle repond d'un souris ingenu,
Oh qu'avez fait ecla de bonne grace !
Maudite soit qui vous a reconnu.

EPIGRAMMES

C.

En fait d'Amour je le dis et repete,

Ce n'est le tout qu'un minois doux et coint :

Beau naturel n'est que joie imparfaitte,

Si veux je encor que l'art s'y trouve joint.

Jeune Tendron jà ne me deplait point :

Mais j'aime mieux gentille douairiere.

Or sçavez vous enquoy git tout le point !

L'une le fait, l'autre le laisse faire .

CI.

Lorsque Rousseau dans un huitain gaillard,

Dit, qu'en amour une jeune Novice

Vaut moins que femme habile a l'Exercice,

Je ne suis point de l'avis du paillard ;

Et j'aime mieux un tendron a seduire,

Que Prude experte en l'amoureux deduit.

Pourquoy ? pour ce que bien mieux vault

instruire

En cas pareil, qu'au rebours etre instruit.

Hic Amor: huic concede faces ac tela, Cupido.

Voicy enfin le troisieme Recueil d'Epigrammes
que je donne au Public ; et sans le plaisir avec lequel il a reçu les deux premiers, je n'eusse pas fait
graver celui-ci. Il est surprenant qu'il soit venu
dans l'idée d'un Anglois, de faire une Collection
suivie de ce que les François ont de plus fin et de
plus galand dans leur langue. Il est etonnant
qu'il faille ecrire à Londres, pour posseder à Paris
des tresors qui originairement lui appartiennent.
Ayant fini l'Execution de mon Horace, j'avois
hazardé mon premier Recueil de ces Epigrammes ; la reussite prodigieuse qu'il a eû même
en France, m'a prouvé cette verité, qu'on n'est
jamais jaloux des inventeurs du plaisir, pourvû qu'on
ait la liberté de revenir soit même.

I.

Mal plaisant Lot échevît à la Satire ;

De l'Epigrame on redoute le trait ;

L'Epique fait bâiller ; l'Ode est un vrai délire ;

Le Dramatique est sujet au sifflet.

Sire Apollon, je vous rends grace :

De vous je ne suis point féru.

Aux petites maisons, haï, sifflé, battu,

2

Votre art me conduiroit faisant laide grimace:

A travers les dangers, en créant un cocu,

Encore a-t'on plaisir, qui notre peine efface:

Et je prefere un coup de C. L.

A tous les lauriers du Parnasse.

II

Un Celestin avec un Mousquetaire

En même lieu vint à se rencontrer:

Un seul tendron etoit au monastere;

Une pour deux; il faut au sort tirer,

Dit le bon Moine. oh! de par le grand Diable,

Reprend le gars, votre paternité

Pour son prochain doit estre charitable :

La grace en vous combat l'humanité ;

Monsieur Satan m'a le premier tenté.

Ça pour finir au plutot cette affaire,

S'çais un moien très sûr, reprit le Pere,

C'est aujourdhuy grand jeûne a mon Couvent :

Je veux ami, te ceder le devant :

En ce Saint temps, suis content du derriere.

III.

Margot, en dormant une nuit,

Sur un lit toute découverte ;

Robin, sans dire mot, saillit

Et trouvant sa lanterne ouverte

Mit sa chandèle au plus profond.

Soudain dit Margot toute alerte :

Robin, ta chandelle se fond.

Non fait, dit-il ; c'est une goutte,

Qu'en s'allumant elle dégoutte,

Qui fait ta lanterne enflamer.

Sur ce Margot dit sans tarder :

Vien, Robin, quand on ne voit goutte,

Souvent ta chandelle allumer.

IV.

Un Enfroqué, baisant une fillette,

De sa Mentule avoit trop de moitié.

Quelle douleur! engeance sans pitié

Disoit la garce au vigoureux billette:

Aucun teut-il pût noüer l'Eguillette:

Ne souffrirois d'amour si forcené.

A me tuer, las! il s'opiniatre.

Fûs tu plus loin, monstre, Diable incarné:

Morte je suis: lors le Moine folatre,

De profundis clamavi, Domine.

V.

Cornes portoient les Peres de nos Peres;
Cornes comme eux nos Peres ont porté,
Sur notre chef même bois est planté,
Et nos enfans par droits hereditaires
Cornes auront, dès qu'ils épouseront.
C'est mal commun. bien rusé qui l'echape:
De ce bois là rameaux croissent par tout,
Sous la couronne ainsi que sous la cappe,
Fou qui s'en fache et sage qui s'en f...t.

Pendant les chaleurs de l'Eté,

La Servante d'un gros Chanoine,

Par un esprit de propreté,

Se tondit tout ras comme un moine.

Le Chanoine s'en aperçut :

Qui te l'a donc ainsi tondu ;

Dis moi ; qui t'a fait la sottise ?

C'est moi, Monsieur, qui l'ai razé :

Puisqu'il vit du bien de l'Eglise,

Il faut bien qu'il soit tonsuré.

VII.

Margot me voici v . t en main ;

Aimons, le temps nous y convie.

Ah ! que sçavés vous, si demain

Est un des jours de notre vie.

La mort nous guette ; et quand ses loix

Nous ont enfermés une fois

Au sein d'une fosse profonde,

Adieu les amoureux ébats.

L'Ecriture ne parle pas

Que l'on chevauche en l'autre monde.

VIII.

Dans un jardin certaine compagnie

D'une statuë admiroit la beauté.

C'étoit l'Amour tout nud représenté ;

Rien de mieux fait : c'étoit piece finie ;

Et tout le monde en étoit enchanté.

Par modestie une feuille ajoutée,

D'un seul endroit cachoit la nudité.

Fille étoit là, sur son goût consultée,

Sans hesiter, d'abord elle répond :

Oncques ne vit plus gracieux ouvrage ;

Mais il plaira me semble d'avantage,

Quand cet hyver les feüilles tomberont.

IX.

Dans une Officialité

Ces jours passés une soubrette,

Jeune, passablement bien faitte,

Et d'une robuste santé,

Avec la bienseance ayant fait plein divorce,

Dit qu'un vieux medecin l'avoit surpris de force.

Il faut le pendre ou qu'il soit mon mari.

Et comment, dit le juge, a t'il pu vous y prendre?

Vous etes vigoureuse, il falloit vous deffendre.

L'avoir égratigné, dévisagé, meurtri .

J'ay, Monsieur, lui répondit elle ,

De la force, quand je querelle ;

Mais je n'en ai point, quand je ris .

X.

Par certain gars vivement pourchassé

Jeune tendronse l'étoit laissé faire .

Arrive Pâque : aux pieds d'un trinitaire

Avec sanglots le crime est confessé .

Le Moine dit : pour un plaisir infame

Avés vous pû souiller ainsi votre ame ?

A ce discours la fillette répond :

Certes bien moins eû d'aise que souffrance ;

Il m'ecorchoit, tant l'avoit gros et long.

Ah ! pour cela, reprend le Pater bon,

Quand on a fait du peché penitence,

On a de Dieu merité le pardon.

XI.

Chés Dame Alise introduit du matin,

Pere Simon la trouve a sa toilette :

Lors par hazard ou peut estre a dessein

La belle laisse entrevoir au billette

L'echantillon d'un assés blanc tetin .

A cet aspect, la main sous la jaquette,

Voila mon Moine agitant le malin .

Que faites vous, lui dit la Dame Alise ?

Helas ! je r'appe un bout du Saint Vincent .

Ah ! reprit elle aussitôt vivement,

Prêtés le moy, que j'en fasse une prise .

XII.

Le Desservant d'un Couvent de Cypris

Se confessoit de maintes gaillardises ;

Entre autres cas de son joyeux devis

14

Tel il raconte au Saint homme d'Eglise.

J'ai sans payer encensé le pourpris

Six fois un jour de nimphe de Cithere.

Ce cas enorme est aussitôt repris

Avec chaleur : comment, luy dit le Pere,

Des ouvriers retenir le salaire ?

Si ne payés d'avance, mon cher fils,

D'orenavant vous deffend de le faire.

XIII.

Dans un B....l certain gas rabougri

Capituloit du prix de culetage.

Tracas finis, salaire de Laïs

A vingt sols mis, notre ribaud fait rage.

L'ouvrage fait, quand se vint à payer,

De cinq sols le Soudard la voulut soudoyer.

La fille jure; oh! oh! reprit le gars

Quoi tu te plains, quand chés toi quatre

Pourroient à l'aise en même temps s'ebatre?

C'est bien assés, que j'en païe mon quart.

XIV.

Guillaume un jour trouva Vincende

Dormant dessus un gazon verd :

Notre galant aussitot b . . de
Et la veut servir àcouvert .
Il s'y met: Vincende s'éveille,
Qui lui dit d'un ton de merveille:
Quoy, Guillaume vous m'accolés ?
Qui telle hardiesse vous donne ?
Madame, répond t-il, personne :
Si vous voulés, je m'oteray.
Vous etes un sot, dit Vincende :
Mais seulement je vous demande,
Qui vous a rendu si osé . -

XV.

Surgonte fille un prestre d'Idalie

A pere André se confessoit d'avoir

Mais las ! en vain voulu jour d'œuvre pie

De ****nature épancher l'arrosoir .

Surpris ne suis, dit le Pere en courroux ,

Que le Seigneur vos travaux ne benisse .

Jours ouvriers trop courts sont donc pour vous,

Pour que fassiés les fêtes tel office ?

XVI.

Un Recolet plus chaud que le Vesuve

D'une nonnain foulant l'arriere cuve,

En bouc en Ruth employoit son loisir :

Deja trottoit la huitieme accollée ;

Quand un scrupule ennemi du plaisir,

Vient prendre au poil Sœur Agnès desolée,

Qui luy dit : Pere, eh. Dieu qui voit ici,

D'un tel peché vous fera t'il merci :

Lors le Pater, achevant sa conquète ;

Telle raison ne doit troubler la fête,

Dit-il, ma sœur, a quoi bon ce soucy :

N'avons nous pas la grace toute prète :

XVII.

Une Dame allant dans un coche

Aux champs avec son amant,

Hors des fauxbourgs il vous l'aproche

Et vous l'enfile allegrement.

Elle, qui se voit detenue,

Crie pendant un si doux jeu :

Ah! Dieux, si cela continue,

Le chemin nous durera peu.

XVIII.

Un fin paillard avouoit à confesse

Qu'en exploitant le matin sa dondon,

Par un coussin qu'il plaçoit sous sa fesse,

Il mandioit une aide à son bourdon.

Vrai senouel, lui dit Père cordon,

Vous vous damnés, las, telle est ma misére :

Ceux que trop près nature a circoncis

Gagnent un pouce : o ciel, reprit le pere,

Quel interêt ! quoi, n'en ayant que six,

Vous les placés à denier usuraire.

XIX.

Entre ses bras un Chanoine tenoit

Gente nonnain : besoin n'est que je dis

Pour qu'el usage ; et cependant faisoit

Frequens efforts pour donner à sa mie

Marques d'amour. advint qu'en son ouvrage

Il voit enfin ses desirs satisfaits .

Joyeuse lors, la nonne dit ; courage

Allons : vaut mieux, mon fils, tard que jamais.

XX.

Pere Machault, en enfilant un frere

Lui demandoit : ne vous fais je pas mal ?

Non, dit il, mon Reverend Pere :

22

Mais que dira le général ?

Alors Machault remuant le derriere,

Et secouant le frater hardiment ;

Dieu soit loué, lui dit il, mon cher frere ;

Qui ne fait mal ne peche nullement.

XXI.

Frere Fredon, troussé comme il falloit,

Venoit des champs recevant mainte aumône,

Une Nonnain trouva qui s'y portoit,

La quelle il prit, lui disant ma mignonne,

Nous ferions bien vous et moi la besogne ;

Allons à part remuer de la fesse :

Et si quelqu'un sur le foit nous empogne,

M'excuserai, disant : je la confesse.

XXII.

Un bon C.....lard voyant sa chambrière

Leste de corps et propre a soutenir

Quelque grand faix, en chambre de derriere

Monte dessus, puis soudain voit venir

Sa femme oyant le bruit, qui dit, hola !

Est ce l'amour que me portés en close

Ah ! mon mary je ferois bien cela :

Ma chambriere eut bien fait autre chose,

XXIII.

Catin cette fille impudique

Chevauchant avec un gascon,

Lequel n'aimant un C.. étique

Lui disoit toujours que son c...n

Pour son v. t long de quinze poulces

Ne luy sembloit assés profond.

La garce après maintes secousses

Lui dit faisant trêve du c. l:

Je vais vous gager un Ecu

Que n'en sçauriés trouver le fond.

XXIV.

L'autre jour un amant, soulageant son martire

Entre les bras de l'objet de ses vœux,

Augmente, disoit il, mes transports amoureux,

En me donnant ces noms que le plaisir inspire.

Alors pour lui servir lui meme de modele

De cent noms empruntés il voulut l'appeller :

Ingrat, lui dit languissamment la belle,

Te reste il encor la force de parler ?

XXV.

Certain Chanoine embarassé,

De ce que sa servante porte

Certain embonpoint mal placé,

Sourdement la met à la porte.

Bientôt une autre vient s'offrir

Jeune encore et de bonne mine :

Voila notre homme à discourir :

Sçavés vous faire la cuisine ?

Fort peu. blanchir ? non. buvés vous ?

Il n'y paroit pas. et Ecrire ?

Point. gages ? Cent Ecus. tout doux

Oh! par ma foy je vous admire :

Vous ne sçavés rien , et d'abord

Cent Ecus. quoi, la plus habile

N'en demande que vingt. d'accord :

Eh bien, Monsieur, je suis sterile .

XXVI.

Du Tombeau près, une vieille hypocrite,

Qui soixante ans dans le peché vécût ,

Disoit un jour : onc ne fûs si contrite

Que d'avoir fait mon cher Epoux cocu .

Pas ne voulés à moi le faire croire

Lui répondit un qui se trouva là :

Ensemble avons mille fois fait cela.

Mille, dit elle ? ah ! qu'avés de mémoire !

XXVII.

Gribouille, avant que de diner,

Voulut un petit uriner ;

Puis s'en revint, prêt a bien faire :

Prenons, dit il, notre repas ;

Je n'ai tenu que mon breviaire.

Lors la fille de la maison

Dit, entendant cette raison ;

Le Breviaire à maitre Gribouille

A donc le nés comme une andouille ?

XXVIII.

Un jeune gars de bonne mine

S'accusoit a certain frappart

D'exploiter en secret une sienne Cousine.

Mon fils, lui dit le papelard,

Est elle gente ? Elle est divine,

Luy répondit le jouvanceau :

C'est le teint le plus clair, corsage le plus beau,

C. lle plus dur, bref un friand morceau :

30

Oncq il ne fut plus attrayante brune.

Ah! le paillard! quelle fortune!

Et son logis du tien n'est pas fort écarté?

C'est sous le même toit. quelle commodité!

Mais le point, ajouta le drôle,

Qui plus m'attache à ce peché;

C'est qu'il ne m'en coûta jamais le moindre obole.

Ah! dit le moine, quel marché!

XXIX.

Certain enfant de L.....

Trouvant a son gout sœur Colette,

Sans tant de façon lenc..la,

Au grand chagrin de la Nonnette.

Sodomiste, que fais tu là

Dit elle ? ne crains rien, poulette :

C'esten suivant la voye étroitte,

Que tout homme se sauvera.

XXX.

Mon deffaut est la Paillardise;

C'est là mon unique peché,

Disoit au vieux pere Moyse

Un jeune gars fort débauché;

Et puis, luy nommant sa Maitresse,

Vantoit sa force et son adresse

A ce jeu qu'Amour rend si doux

Et qui nous fait a tous envie.

Mon Dieu, quelle chienne de vie,

Répondit le Moine jaloux !

Là là, mon Pere, point tant chienne :

L'Amour est un plaisant lien.

Eh ! Maugrebleu, je le sçai bien :

Je ne parle que de la mienne.

XXXI.

Un jeune gars se Confessoit au Pere :

Las! disoit il, j'ay commis grand forfait.

Perette et moy seuls dans un Cabinet

Avons appris certain joly Mistere.

C'est jeu d'amour : vous sçavés le secret.

Hom, luy répond le Pater encolere,

Fils de Satan, c'est mistere qui nuit :

Quand j'eune fus, j'enrageois de le faire

Dieu soit loué, reprit le gars contrit :

Je suis absous ; cet aveu me suffit.

XXXII.

Un Cavalier s'accusoit a Confesse
D'avoir pendant toute une nuit
Partagé le lit de l'hotesse
Où son billet l'avoit conduit.
Combien de fois fîtes vous cette affaire?
Mon enfant, il faut les compter.
Combien de fois! icy mon pere
Je ne suis pas pour me vanter.

XXXIII

Une Dame blamoit sa servante accusé

D'avoir fait en jouant ce qu'on fait delà l'eau.

Dans ça ; nomme le moi, pauvre fille abusée,

Le méchant qui chés nous osa faire un bordeau.

C'est votre maréchal, Madame, oh ! la rusée !

Combien a tu de fois remanché son marteau

Il me le fit six coups, en filant ma fusée :

Encore vouloit il levé mon devanteau.

Six coups, se dit la Dame en extase ravie !

Une femme d'honneur s'en seroit bien servie.

Te toi ; ta présence attire mon courroux ..

La laide, la Souillonne, la petitte impudente !

C'est bien a t'elle gueuse à le faire six coups.

Je m'y passerois bien, moy, qui suis Présidente.

XXXIV.

Cy git le Seigneur de Manas,

Lequel de sa propre allumelle

Se tua, prenant ses ébats

Sur le corps d'une Demoiselle.

Je ne sçais après son trépas

Où son esprit tôt s'en alla ;

Mais je sçay bien qu'on ne va pas

En paradis par ce trou là.

XXXV.

Je ne suis pas de ces gens là,

Qui font cinq ou six coups cela,

Quand ils sont avec une femme :

Car pour une fois, sur mon ame,

Je le fais bien ; et puis holà.

Un beau jour une m'en parla ;

En parlant elle m'accola ;

Mais je luy dis, par Dieu Madame,

Je ne suis pas de ces gens là.

Aussitôt elle s'en alla :

Quoi ! pour assouvir une infame,

Je perdrois mon v.t et mon ame :

Je ne suis pas de ces gens là .

XXXVI .

Blaise est de si bonne amitié,

Qu'un jour voyant sa femme en couche,

Le pauvre en eût tant de pitié,

Qu'il devint plus froid qu'une souche .

Elle au plus fort de son chagrin,

Pour l'appaiser, étrange chose !

Ce ne sera, dit elle , rien .

Taisés vous, blaise ; je sçai bien

Que vous n'en etes pas la cause .

XXXVII .

Sœur Claude, ayant fait un poupon ,

Jeûnoit, vivoit en Sainte fille ,

Toujours étoit en oraison ,

Et toujours ses Sœurs a la grille .

Un jour donc l'Abesse leur dit :

Vivés, comme Sœur Claude vit :

Fuyés le monde et sa sequelle .

Touttes reprirent à l'instant :

Nous seront aussy sages qu'elle,

40
Quand nous en aurons fait autant.

XXXVIII.

Un jour un Curé querelloit

Un homme près de sa femme,

Et s'emportant fort l'apelloit

Traitre, larron, Coquin, infame ;

A tout cela la bonne Dame

Ecoutoit et ne disoit mot.

Mais venant a l'appeller sot ;

Tout soudain dans l'excès du zele

D'une Sainte devotion,

Ha Messieurs ! le mechant, dit elle ,

Revele ma Confession .

XXXIX .

Un Moine à barbe exploitant bonne sœur

Reiteroit souvent ce doux labeur ;

Ah ! finissons , c'est assés, lui dit elle

On sonne au chœur ; je vais où Dieu m'appelle .

Eh ! quoi si vite ! encore un pauvre Ave

Encor , ma Sœur ; et puis je me retire .

Qu'un Ave ? soit : voyons je vais le dire ;

Ça faites donc , j'y joindray le Salve .

XL.

Sur la Sallé la critique est perplexe:
L'un va disant qu'elle a fait maint heureux;
L'autre répond qu'elle en veut à son sexe;
Un tiers prétend qu'elle en veut a tous deux.
Mais c'est a tort qu'un chacun la dégrade:
De sa vertu pour moi je suis certain.
Resnel soutient qu'elle n'est pas tr...
La Grognet dit qu'elle n'est pas p....n

XLI.

Anne dit on, médit de moy,

L'un va disant qu'elle a fait maint heureux;
Anne dit on, médit de moy,

Et me souhaite en huitain

Tous les maux qu'elle craint pour soy,

Et qu'elle aura pour le certain,

Mais Anne me maudit en vain :

De ce ne suis épouvanté ;

Malédictions de p . . . n

Sont Oraisons pour la santé.

XLII.

Blaise, consultant ses amis

Sur une affaire d'importance,

Leur disoit ; vous m'avés promis

44

Dans mes besoins votre assistance.

Jean, l'un d'eux, luy dit aussitôt:

Qu'est ce donc, Blaise, qu'il vous faut?

Qu'el trouble agite ainsy votre ame?

Estce du bien qu'on vous ravit?

Blaise répond; j'ay mal au v..

Doisje aprésent baiser ma femme?

Malepeste, que dites vous?

Dit Jean, c'est pour nous perdre tous.

XLIII

Belle jappe, beaux Cotillons,

On remarque aux filles de joïe :

Tout le reste est en guenillons ;

Gans, manchon, souliers, petite oye .

Alix dit que c'est la raison ,

Que son devant soit le plus leste ,

Puisqu'il est maitre en la maison ,

Et qu'il fait aller tout le reste .

XLIV.

Avec sa Chevre un Florentin

Fut surpris dans un cas vilain :

Dabord on saisit le coupable

46

Avec sa Chevre miserable.

Brulé sur l'heure : ah Mes Seigneurs,

Crioit notre homme tout en pleurs,

Daignés m'écouter je vous prie :

Je ne l'ai pas fait méchamment.

Je voulois faire seulement

Un Monstre, pour gagner ma vie.

XLV.

Pour la premiere nuit l'Epoux est un amant,

Qui se comporte honnestement ;

Et rend la feste assés jolie :

La seconde, c'est un ami

Reglé par son desir, plus que par notre envie.

La troisieme, c'est un mari

Ou qui dort ou qui nous ennuie.

XLVI.

Un Capucin, profés et prêtre,

Des douleurs de la pierre étant fort travaillé,

On ordonna qu'il fut taillé;

Et comme il étoit près de l'estre,

De crainte et d'horreur fremissant,

Messieurs, s'écria le bon Pere,

Par l'operation, que vous allés me faire ,

Ne serai-je point impuissant ?

XLVII.

Un bon pere de l'Oratoire ,

Préchant un jour posoit en fait ,

Que les corps là-haut dans la gloire

Seroient dans un état parfait .

La chose disoit il , est sûre :

Nulle infirmité de nature ;

Nul deffaut dans les bien heureux .

Ah! dit L . . . . a l'issüe

Si la loi du Congrés au Ciel n'est pas reçu,

Que me servira t-il d'être a lors vigoureux ?

XLVIII.

Robin, pressé du remord qui l'agite,

Se Confessoit, d'avoir pris un mouton

Ah! mon ami, lui dit, haussant le ton,

Son vieux Curé, l'action est maudite :

Si ne rendés, point ne serés absous .

Je l'ai mangé, dit l'homme de Village :

Du Diable donc vous serés le partage.

Repart le Prestre ému d'un saint courroux :

50.

Dans la Vallée, où nous paroitrons tous,
Aux yeux de Dieu, tout jusqu'au mouton même,
A l'Eternel parlera contre vous.
Robin répond : ma surprise est extrême.
Quoi ! le mouton paroitra dans ces lieux
Avec Guillot ? vous me rendés joyeux :
De mon salut je ne suis plus en peine ;
Je lui dirai pour lors qu'il le reprenne.

XLIX

Une veille de Saint Ignace,
Des Dames de Condition

Attendoient la Confession.

Qu'attendés vous à cette place,

Leur cria le Pere Pancrace ?

Lors nos béates à la fois

Dirent d'une commune voix :

Nous aportons nos consciences.

Le Moine répond froidement :

Apportés vos c. ls seulement ;

Nous avons assés de science,

Et le C.. nous lasse aprésent.

L.

Blaise a la joute élevoit trop sa lance,

Et ne faisoit l'œuvre en bon champion :

Perette enfin, lasse d'estre en souffrance,

Pour consulter, fût a Saint Carpion.

Tu léveras, dit il, le Croupion ;

Puis feras faire au mutin la courbette

Jusqu'au pertuis, avec cette fourchette :

Le reste après tout seul s'accomplira.

Mais ne la perds ; car à lever, Perette,

Plus qu'à baisser, elle te servira.

Le Reverend pere Andouillard ,

Carme distingué dans son ordre ,

Clabaude, sans jamais démordre

De son ton caustique et braillard .

Tous les Sermons de son Carême

N'ont été qu'un long anathême

Fulminé sur ses auditeurs :

Tremblés, dit il, fondés en larmes

Ivrognes, Paillards , Imposteurs :

Il croyoit parler à des Carmes .

LII.

Une jeune et fort belle Dame,

Tenant des propos un peu gras,

Disoit pour estre sage, il suffit qu'une femme

Le soit de la ceinture en bas.

Vraiment, dit un railleur, la maxime est cõmode;

Et, suivant cet avis, le sexe feminin

Pourroit bien amener la mode,

De se ceindre comme Arlequin.

LIII.

Pressé la nuit d'un appetit paillard,

Dans tout le Camp un jeune et vert Soudart

Alloit cherchant quelque proye amoureuse ;

Tant pourchassa, qu'il trouva par hazard

Dans un recoin une vieille gouteuse :

Tout aussitot le galant affamé

Vous l'embrocha. La g...ce venerable,

Lors embrassant le Soudard enflammé,

Tout bas rend grace à la nuit favorable ;

Et quand il eût son ouvrage fini :

De Dieu, dit elle, allés etre beni,

Beau Cavalier rempli de gentillesse,

Pour n'avoir point à mepris la vieillesse.

66.

LIV

Je sers Phœbus et le Dieu de Cythere :

Dans mes Ecrits ces deux Dieux sont festés.

Déja Phœbus ma donné mon salaire,

Quand du Public mes ecrits sont goutés.

L'Amour aussi, pour quelque Sacrifice,

Qu'à ses autels a fait mon jeune cœur,

A répandu sur moi quelque faveur :

Dieu soit loué : j'en ai la Ch.........

LV.

Pour chaque état, chaque devise :

Vaincre ou mourir; est celle des Heros ;

Courte priere et long repos

Fût et sera pour gens d'Eglise ;

Toujours à table ou sur le dos

Est celle que Margot a prise .

LVI.

Au temps de Pâque un certain jouvanceau

Se Confessoit, suivant l'usage,

D'avoir, un jour sous un feuillage,

Appris quelque terme nouveau

A jeune fille prude et sage .

58.

Bon, dit le Pere : après que fites vous ?

Rien de plus contre l'innocence,

Reprit le gars avec un naturel fort doux.

À vôtre age, mon fils, je gardois le silence :

Mais j'avois une autre éloquence :

Allés, puisqu'est ainsy, fuïés les rendés vous.

LVII.

En son lit une Demoiselle

Attendoit l'instant de la mort :

Un Capucin brulant de zéle

Lui dépechoit son passeport.

Puis il lui dit pour reconfort ;

Consolés vous, ame fidele ;

La Vierge est là, qui vous appelle

Dans la Sainte Jerusalem :

Dites trois fois pour l'amour d'elle,

Domine salvum fac Regem.

LVIII.

Jean s'est lié par conjugal serment

A son Alix si long temps recherchée :

Mais quatre mois après le Sacrement

D'un fruit de neuf Elle s'est depechée :

60.

Jean se lamente; Alix est bien fâchée;

Mais le public varie a leur égard:

L'un dit qu'Alix est trop tôt accouchée;

L'autre que Jean s'est marié trop tard.

LIX.

Gente Laïs à l'œil lubrique et fin,

Ne sçai pourquoy, se disant Janseniste,

Me demandoit l'œuvre d'amour divin

De BOSSUET le fameux Quietiste.

Plein aujourd'hui d'un narcotique feu,

Brochure en main, je cours chés ma Donzelle,

Elle guérit mon mal : oh ! pour le coup, dit elle,

Ami, tu n'as F…. que pour l'amour de Dieu.

LX.

Agnès, debuttant dans le monde,

Pretendoit avoir des amans :

Mais sentir sa pance un peu ronde

Lui déplaisoit à quatorze ans.

Ah ! ménagés au moins ma taille,

Disoit elle à certain Marquis.

Ah ! ah ! ce propos est exquis

Suisje né parmi la canaille ?

62.

Sur moi vous pouvés faire fond .

Vous connoitrés jeune merveille ,

Que jamais enfant ne se font

Ni par le C. l n'i par l'oreille   .

LXI

Un Boucher moribond voiant sa femme en pleurs

Lui dit : ma femme, si je meurs,

Comme a nôtre metier un homme est necessaire,

Jacques nôtre garçon feroit bien ton affaire ;

C'est un fort bon enfant, sage et que tu connois.

Epouse le, crois moy : tu ne sçaurois mieux faire

Helas, dit elle, j'y songeois.

LXII.

Marthe en travail d'enfant promettoit à la Vierge,

A tous les Saints du Paradis,

De n'approcher jamais de ces hommes maudits.

Michelle cependant lui tenoit un Saint Cierge,

D'une grande vertu pour les accouchements.

Elle accouche. aussitot qu'elle eut repris ses sens,

Eh! mon Dieu, ma pauvre Michelle,

Dit elle d'une foible voix,

Eteignés la sainte Chandelle;

64.
Ce sera pour une autre fois.

LXIII.

L'autre jour épanchant cette liqueur divine,

Dont nos plaisirs et nous tirons notre origine,

Iris, qui s'inondoit de ces aimables flots,

    Fit une si charmante mine,

Que j'entendis l'amour dire ces propres mots:

Vite, vite, qu'on la dessine

Pour mon Cabinet de Paphos.

LXIV.

Ah! que voila de beaux enfans

Disoit un grand Seigneur au gros Colas leur Pere ;

Qu'ils sont frais, gaillards et puissans :

Nous autres gens de Cour, nous voyons au contraire

Les nôtres délicats, foibles et languissans,

Toujours malsains et toujours blêmes.

Comment faites vous donc, vous autres paysans ?

Pargué, Monsieur, je les faisons nous mêmes.

LXV.

Chés un manant Amontons et Picard

66.

Buvoient bouteille ensemble a Vaugirard :

Point ne parloient de procès ni d'affaires ;

Phisiciens tiennent pour l'ordinaire

Sçavant devis et propos fructueux.

Sur la Clepsydre, ils disputoient entre eux.

Picard disoit : je ne m'y fierois guere :

Car m'avouerés que petit à petit

L'eau diminue et le trou s'aggrandit.

Le ruste oyoit attentif ce langage ;

Margué, dit il, Monsieur l'a bien trouvé.

Depuis six ans que je suis en ménage

Ce qu'il dit là, m'est tout juste arrivé .

LXVI.

De tous les ânes le plus beau,

Et qui même en faisoit parade,

Aux fiers Etats de Mirebeau

Alloit un jour en Ambassade.

Du voyage une Chevre il mit,

Pour rire et pour causer ensemble.

En chemin, notre Ane lui dit :

J'entends bien du bruit, ce me semble,

Allés voir ; c'est proche d'icy ;

Ecoutés le son de la viele ;

Si l'on y danse, dansés y ;

68.

Si l'on y f... que l'on m'apelle.

LXVII.

Deux Dames de haute vertu,

Allant au tombeau du Saint D.....

Trouverent l'embarras d'un fiacre

Qui, pour un cheval abbatu,

Juroit et fermoit le passage.

L'une d'elles, d'un ton devot,

Disoit : ce Cocher n'est pas sage.

Entendés vous ce vilain mot,

Que sans cesse il a dans la bouche ?

Oui, luy repond Sainte Nitouche ;

Mais je n'y trouve qu'un deffaut :

C'est que je ne crois pas ma chere,

Que ce terme, a nous interdit,

Ait été fait pour etre dit

Dans les transports de la colere.

LXVIII.

Un agonisant effrayé

Etoit au desespoir de ses fautes premieres

Et dans son cerveau devoyé,

Croyoit voir de l'enfer les bouillantes chaudieres.

En vain son Confesseur payé
Vouloit le flatter d'ésperance :
Au souvenir de son offence,
Du livre des Elûs il se croyoit rayé.
Enfin de ses cris effroyables
Le prestre aussi las qu'étourdi
Lui dit, mon cher enfant, Dieu veut être obei;
Et si c'est son plaisir, que vous alliés aux diables,
Il faut bien prendre son parti.

LXIX.

En lieu fermé, trouvant une Converse,

Crac ! sur le cul frere Oignon la renverse ;

Puis, ou sçavés, se mit en oraison .

Mon Pere, helas ! que je cheris ce zele !

S'il vous reprend ; pour l'exercer, dit elle,

Comptés toujours sur la Sœur Alison.

LXXVI.

Vous etes, Jeanneton, fort grande menagere ;

Jamais femme ne fut plus active que vous.

Vous ne laissés jamais la moindre chose a faire

A votre gros et gras Epoux,

Soitqu'il dorme en son lit soitqu'il fasse l'ivrogne

72.

Il est toujours certain que l'on fait sa besogne,

Il vit content sans peine et sans ennui ;

Il aime a boire et dormir a son aise ;

Il est ravi le pauvre Blaise

Qu'on fasse à la maison toutes choses sans lui.

LXXI.

Un paillard moribond allant quitter le monde

Sentit allonger son hochet.

Prepares moi tes filles, Mahomet,

S'ecria t-il : je les inonde,

En entrant dans ton paradis.

Dom Côme entend cette priere immonde :

Mahomet est damné, lui, ses Turcs, ses Houris :

Tu le seras, si tu ne changes :

Le Ciel est plein de purs esprits.

Eh bien, dit le mourant, j'y trouverai des anges.

LXXII.

Fille qui prend facheux mari,

Ce disoit Alix à Colette,

Aura toujours le cœur marri,

Et mieux vaudroit dormir seulette.

Il est vrai, dit, la sœur doucette,

74.

Mais . contre un fâcheux endormi

La vraie et certaine recette,

Ce seroit de faire un ami .

LXXIII.

Un gros Prieur son petit fils baisoit

Et mignardoit au matin en sa couchée

Tandis rotir sa perdrix on faisoit :

Se leve, crache, eternüe et se mouche ;

La perdrix tourne : au sel de broque en bouche

La devora, bien sçavoit la science :

Puis quand il eût mis sur sa conscience

Broc de bon vin du meilleur qu'on élise ;

Mon Dieu, dit il, donne moi patience

Qu'on a de mal a servir Sainte Eglise.

LXXIV.

De la Sorbonne un Docteur amoureux

Disoit un jour a sa Dame rebelle,

Ainsy que font tous autres langoureux :

Je ne peux rien meriter de vous, belle.

Puis nous precha que la vie eternelle

Nous meritons par œuvres et par dits

Arguolie, si Magister lourdis

76.

De sa Catin meriter ne peut rien,

Ergo ne peut meriter paradis ;

Car pour le moins paradis la vaut bien.

LXXV.

Une jeune et belle Epousée

Etoit l'autre jour en devis

Avec une vieille rusée ,

Si, lui dit. Dame , a votre avis

Les hommes sont ils si ravis

Quand ils le font ; goutent ils bien

Autant que nous d'aise et de bien ?

Je crois, ce lui répondit t-elle,

Qu'ils sentent douceur toute telle :

Mais elle passe comme vent ;

Je m'esbahis donc, dit la belle,

Qu'ils n'y retournent plus souvent.

LXXVI.

Un mary se voulant coucher

Avecques sa femme nouvelle

S'en vint tout bellement cacher

Un gros maillet dans la ruelle.

Mon doux ami, celui dit elle,

78.
Quel maillet vous voi je empoigner ?

C'est dit il, pour mieux te cogner .

Maillet, dit elle, oncques n'ai vu :

Quand gros Jean me vient besogner

Il ne me cogne que du c . l.

LXXVII.

Quand je vis la belle Catin

Si triste avant hier matin ,

Elle avoit bien fait une perte

Pour troubler fille plus experte :

Son pere sans grande raison

Avoit mis hors de sa maison

Un jeune gars qui le servoit,

Qui pour sa jeunesse n'avoit

Pas encore un pied et demi

De ce qu'il faut à un ami.

LXXVIII.

Roger mangeoit un quartier de pain bis

Bas accroupi les genoux au menton,

Et Margot qui gardoit ses brebis

Vit tout a nud dessous son hocqueton

Je ne sçai quoi roide comme un baton

80.

Si se rapproche, et lui tendant la main

Lui dit, Roger, donne moi de ton pain,

Et nous ferons tous deux après la feste.

Mon pain vaut mieux, répondit le vilain,

Et ne fit rien : qu'au Diable soit la bête !

LXXIX.

En devisant à la belle Catin

Mon coeur emû le feu d'amour sentit ;

Lors je luy mis la main sur le tetin,

Pour lui donner un semblable appetit ;

Ce qui l'émeut encore bien petit.

Mais quand je fis de ma bourse ouverture,

Je ne vis onc plus paisible monture

Ni plus aisée à se placer au point :

Ainsi, dit elle, on me met en nature,

Sans me venir tâter mon embonpoint.

LXXX.

Le lendemain des nopces on vint voir,

Si l'Epousée étoit point la nuit morte.

Et si l'Epoux avoit fait son devoir,

Qui dit qu'oui sur ce fait s'en raporte

A son Epouse, en priant qu'elle en porte

Vrai temoignage et si par amitié

Ne l'avoit fait six fois de bonne sorte.

Oui, bien, ditelle; mais j'en fis la moitié.

LXXXI.

Martin menoit son cochon au marché

Avec Alix, qui dans la plaine grande

Pria Martin lui faire le péché

De l'un sur l'autre; et Martin lui demande

Mais qui tiendra nôtre pourceau, friande!

Qui? dit Alix: bon remede il y a:

Lors le pourceau près sa jambe lia;

Puis Martin juche et lourdemont enguaîne.

Le porc eut peur; Dame Alix s'écria:

Serre, Martin: nôtre pourceau m'entraine.

LXXXII.

Un Avocat jouoit contre sa femme

Pour un baiser que nommer n'oserois.

Le jeu duit tant et si bien a la Dame,

Que deosus lui gagna des baisers trois:

Or ça dit elle, ami, pour cette fois

Jouons le tout, pendant qu'étes assis.

Quoi, repond il. le tout! ce seroit six:

Qui fourniroit a si gros payement !

Alors son Clerc de bon entendement,

Lui dit, ayant de sa perte pitié :

Ayés bon cœur Monsieur, certainement ;

Je suis content d'en etre de moitié.

LXXXIII.

Messire Jean Confesseur de fillettes

Confessoit Jeanne assés belle et jolie

Qui pour avoir de belles oreillettes

Avec un Moine avoit fait la folie.

Entr'autre points Messire Jean n'oublie

A remontrer cet horrible forfait :

Las, disoit il, ma mie qu'as-tu fait ?

Regarde bien le point où je me fonde ;

Cet homme, alors qu'il fut moine parfait,

Perdit la vie et mourut quant au monde :

N'a tu point peur que la terre ne fonde,

D'avoir couché avec un homme mort :

De cœur contrit Jeanne ses lèvres mord

Mort ! ce dit elle, en dà, je n'en crois rien ;

Je l'ai vu vif depuis ne sçai combien :

Et même alors qu'il faisoit cet affaire,

Il me branloit et me baisoit aussy bien

En Homme vif, comme vous pourriés faire.

LXXXIV.

Dans un Couvent à Sarragosse

Un Nonnain setrouvant grósse

L'Abbesse l'apperçut, la reprit, la tança :

Surquoi la Nonne s'excusa

Disant que le peché qui causoit sa grossesse

Avoit eté commis sans son consentement

Mais cela ne sepeut lui repliqua L'Abesse :

Car vous pouviés facilement

Repousser cette violence

Si vous eussies crié de tout votre pouvoir.

Oui ; mais, dit la Nonnain, c'etoit dans le Dortoir,

Où nôtre regle veut qu'on garde le silence.

LXXXV.

Un jour Margot prit la mesure

De l'Instrument de son Mari

Et pour lors à ce qu'elle jure

Il n'avoit pied et demi

Mais après deux ou trois secousses

N'en pouvant trouver que neuf poulces

Le pauvret vous eut fait pitié

Rendés, disoit elle, mon compte .

Ne dovriés vous avoir honte

De m'en retenir la moitié ?

LXXXVI .

Alix à pleine main tenoit

Le manche à Thibault qui fretille ;

Thibault du cul carillonoit ,

Quand Alix tournoit la cheville .

Vilain, vous pettés, dit la fille :

Quoi, dit Thibault sans s'etonner ,

Penses-tu tant toucher l'aiguille ,

Sans faire l'horloge sonner ?

LXXXVII.

Le jour de sa profession,

Parmi mainte autre gaillardise,

Sœur Claire en sa Confession

Glissa le mot de paillardise,

Le moine avec Papelardise

En voulant son cas dépecher,

Lui dit, passons ; n'est pas pecher,

C'est user de son patrimoine :

Et mon Prieur eut beau prêcher.

Autant fis, avant d'être Moine.

LXXXVIII.

Une Abbesse instruisant une jeune Novice

Dans le chant propre à la Communauté

Sur certain mot latin dans un Pseaume usité

Quelle chantoit faux par malice

Le repetoit souvent en ancien Rit :

Ce mot êtoit Conculcavit.

Entonnés bien, bien disoit elle ;

Tenes moi bien ferme ce Con

Haussés le Cul, sort bien la belle

Allons soutenés cela, bon ;

Et le Vit faites le bien long .

De cette Sillabe allongée

Je connois la mesure a fond :

Frere Luc pendant le Sermon

Me l'a plus d'une fois montrée .

LXXXIX .

Pierre et René Jardiniers de Village

Dans certain cabaret parlant du Jardinage

Vinrent a contester qui sçavoit mieux greffer ,

Chacun d'eux dans son Art pretendoit triompher :

92

Mais pour finir leurs debats et leur noise.

Un bon vieillard dont le teint de framboise.

Marquoit qu'il aimoit mieux le vin que les bouillons,

Leur dit: celui de vous qui dans la greffe excelle

Par un effort de l'art finira la querelle:

Qu'il ante un jeune C.n sur mes deux vieux C..llons.

XC.

Certain frocard prechant à des Nonnettes

Leur dit: mes Sœurs, Nabuchodonosor,

Ainsi qu'il est Ecrit dans les Prophetes,

Pour avoir fait adorer le veau d'or,

Se vit couvert en guise d'une bête

Des pieds jusqu'es à la tête.

Dès le soir même une jeune Nonnain

Ayant porté, ne sçai trop où, la main

Sentit du poil : la pauvrette étonnée

Montra son cas à la mere Renée :

Pour mes pechés, lui dit elle en pleurant,

Dieu m'a punit comme le Roi méchant.

Eh! vraiment oui, dit l'Abbesse devote ;

Mais tu n'en as que pour un veniel :

Alors levant sa chemise et sa cotte :

Tiens, en voila pour un peché mortel.

XCI

Dame Alison acusoit sa Commere

D'avoir forfait avec Frere Mathieu

Ou dit un gars ? ou dans ce même lieu

Moi, les voyant : quoi vous vîtes l'affaire,

Entierement ? après que fit le Frere ?

Rien que cela, continue Alison.

Rien du tout ? non. Oh ! de par Saint Ignace

Reprend le Pere avec devotion,

Voudrois trouver pareille occasion

Bien, sur ma foi, me pairiés votre place.

XCII.

Une vieille Abbesse tançoit ,

Une Nonain belle et jeunette

De ce que put faire elle avoit

Laissé lever sa chemisette .

Las ! c'etoit seulement pour voir :

Madame , je pensois bien vivre ;

Car j'ai lû dans notre grand livre

Qu'il etoit bon de tout sçavoir .

Ah ! fille repartit l'Abesse

Si plus avant vàta simplesse

Te pourras bien faire abuser

Car tu verras en l'autre page

Qu'il n'en faut pas toujours user,

Bien dit la Nonne au teint d'œillet,

Lorsque je serai de votre age

Je tournerai donc le feuillet.

XCIII.

Tu demandes, ami, comment

Le bon S. François qui fut prestre

Tant de moines gris a fait naître

Au monde successivement :

L'effet le montre évidemment,

Ces jours passés l'un de ceux

Qui portent ce gris vêtement

D'un seul coup en engendra deux.

XCIV.

On fait en Italie un Conte assés plaisant.

Qui vient fort à propos ; un jour un paysan

Homme fort entendu, personnage de tête

Comme on peut aisement jugé par sa requête

S'en vint trouver le Pape et le voulut prier

Que les Prêtres du temps se pussent marier

Afin, lui disoit il, que nous puissions nous autres,

98.
Leurs femmes chevaucher, ainsy qu'ils font les nostres.

XCV.

Certain Ribaud pourchassant jeune Fille

La rencogna dans le fond d'un Jardin.

Puis d'une main lui troussant sa mandille

Il l'amusa long temps d'un doigt badin

Las, secria la petitte imbecille ;

Me faites mal, quittés cettui dessein

Lui de pousser et d'introduire enfin

Deux de ses doigts : voyant qu'elle s'accule

Puisque tu peux chausser a cettui point

Pourrois-je point y fourer ma mentule.

XCVI.

Cinq Clercs un jour avec pleine escarcelle

Firent les Rois munis d'une Pucelle

Quoique comptant deja pres de quinze ans,

Or dans ce temps qu'etoient impatiens

De faire un Roy ; l'un d'eux prend la novice

Lui met la Feve en ce lieu si vanté,

Dont un Enfant ignore l'exercice,

Dont grandelette apprend l'utilité,

Et dont vieillesse a regret perd l'usage ;

Tu sera Roy, dit lors d'un grave ton

Notre Electeur ; pour achever l'ouvrage

De Priapus y planta le bourdon :

Ce Sceptre encore est ici necessaire,

Dit il. L'Enfant galam̄ent le reçoit ;

Si que sentant finir ce doux mistere

En se pâmant, s'ecrie ; ah ! le Roi boit .

XCVI.

Un Mousquetaire aux pieds d'un Cordelier

D'un air contrit débitoit ses fredaines

Et s'accusoit le jeune Cavalier

De plusieurs chefs de foiblesses mondaines,

J'ai, disoit-il, avec un tendre objet

Depuis longtemps une intrigue secrette,

Ce n'est pas tout, je suis même sujet ....

Eh bien a quoy, lui dit L'Anachorette ?

Je suis sujet à lui faire en levrette ?

D'ou vient cela, lui dit Pere Seguin !

C'est que j'y trouve un bon pouce de guain,

Frere reprit le pieux personnage,

Pour ton Salut reviens a l'avant main

L'Esprit pervers avec ce beau menage

Plus d'une fois m'a trompé de chemin.

XCVIII.

Frere Guillaume exploitant gente Nonne,

Presto, presto, lui dit le Cordelier ;

Haut le Gigot, le coup de Vespres sonne,

Ne vous troubles, lui repartie la bonne

Ami, ce n'est encor que le premier.

XCIX.

Aimons, f...ons ce sont plaisirs

Qu'il ne faut pas que l'on sépare :

La jouissance et les desirs

Sont ceque l'Homme a deplus rare.

D'un C..n d'un V..t et de deux cœurs

Naît un accord plein de douceurs

Que les devots blament sans cause,

Amarillis penses y bien :

Aimer sans f..tre est quelque chose ;

F..tre sans aimer, ce n'est rien.

C.

Au Confesseur gentille Couturiere

Courtoise suis, dit a tout poursuivant

Or cettuicy visitte mon derriere

Or celui la visitte mon devant

104

A Volupté j'ouvre double carriere.

Autre metier n'ai si veux conserver,

Pere, ces jours que de la sorte passe.

Confiteor hates vous d'achever :

Ma Fille, Dieu vous accorde sa grace.

En son etat chacun peut se sauver.

CI.

Un vieux Regent de Rethorique

Promet a tous ses Ecoliers

De les Confesser volontiers

Pourvû qu'en Latin on s'explique :

Unum mendacium feci,

Dit l'un d'eux commençant son Rôle.

Dieux ! qu'elle froide parole !

Quel plat Latin que celui ci !

Vous serés puni d'importance.

Puellam vitiavi ter

Aussitot repond le Pater

Cela vaux mieux, c'est du Terence.

Cum Sociis habui rem :

C'est le plus frequent de mes vices.

Ah ! cher Enfant, quelles delices !

Hoc redolet Ciceronem.